印·像

江苏大学发展历程中的记忆

江苏大学党委宣传部 编

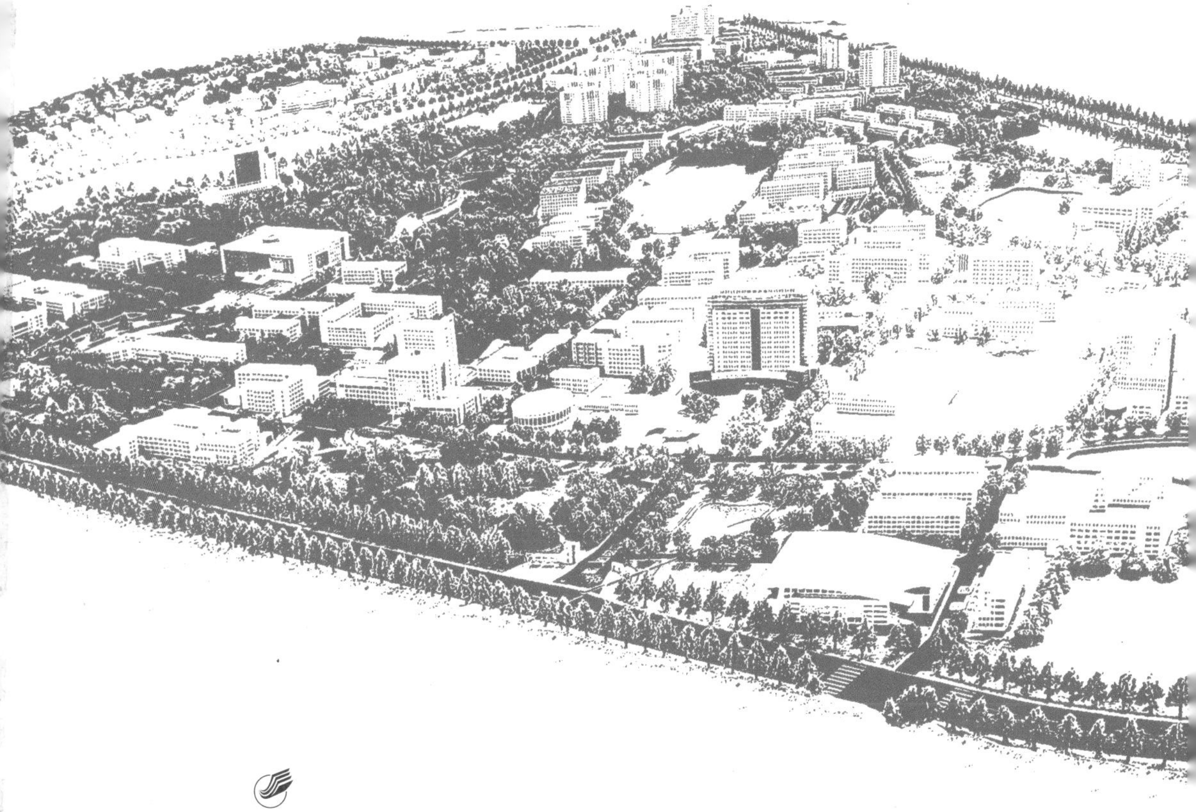

江苏大学出版社
JIANGSU UNIVERSITY PRESS
镇江

图书在版编目（CIP）数据

印·像：江苏大学发展历程中的记忆 / 江苏大学党委宣传部编. -- 镇江：江苏大学出版社, 2021.9
ISBN 978-7-5684-1672-6

Ⅰ. ①印… Ⅱ. ①江… Ⅲ. ①江苏大学—校史 Ⅳ. ①G649.285.31

中国版本图书馆CIP数据核字（2021）第175173号

印·像：江苏大学发展历程中的记忆
Yin · Xiang: Jiangsu Daxue Fazhan Licheng Zhong de Jiyi

编　　者 / 江苏大学党委宣传部
责任编辑 / 张　平
出版发行 / 江苏大学出版社
地　　址 / 江苏省镇江市梦溪园巷30号（邮编：212003）
电　　话 / 0511-84446464（传真）
网　　址 / http://press.ujs.edu.cn
排　　版 / 南京私书坊文化传播有限公司
印　　刷 / 南京互腾纸制品有限公司
开　　本 / 718mm × 1 000 mm　1/16
印　　张 / 15.25
字　　数 / 320千字
版　　次 / 2021年9月第1版
印　　次 / 2021年9月第1次印刷
书　　号 / ISBN 978-7-5684-1672-6
定　　价 / 98.00元

编辑委员会

以立德树人为根本
以强农兴农为己任
办人民满意大学
创建农机特色一流大学

教育部、农业农村部、江苏省人民政府共建高校

工中有农　以工支农

知农爱农　强农兴农

推动“095”　争创“双一流”

高水平、有特色、国际化研究型大学

三江师范学堂

—— 校训 ——

嚼得菜根　做得大事

南京高等师范学校

—— 校训 ——

诚

国立东南大学

—— 校训 ——

止于至善

国立中央大学

—— 校训 ——

诚朴　雄伟

南京工学院

—— 校风 ——

严谨　求实　团结　奋进

江苏省医政学院

—— 校训 ——

博学至精　明德至善

镇江师范专科学校

—— 校风 ——

严谨　勤奋　求是　创新

江苏大学

—— 校训 ——

博学　求是　明德

—— 精神 ——

自强厚德　实干求真

序

在全国上下庆祝中国共产党成立100周年之际，江苏大学迎来了组建20周年暨办学119周年。

党的历史是最生动、最有说服力的教科书。以习近平同志为核心的党中央站在统筹中华民族伟大复兴战略全局和世界百年未有之大变局的时代高度，作出了全党开展党史学习教育的决策部署。重温江苏大学校史是深化“四史”学习教育特别是党史学习教育的重要形式。《印·像：江苏大学发展历程中的记忆》清晰地描绘出了江苏大学的发展历史和学理脉络，是江大人的一节重要党史课，也是讲好江大故事的重要尝试。翻阅此书，展现给我们的是一幅恢宏的图卷，一幕幕中国近代高等教育发展的见证，一代代江大人的青春奋斗回忆，一个个美好的故事都在这里展开。

百年沧桑，名与时迁，呈现代教育之辉煌，开江苏人文之伟观。江苏大学肇端于三江师范学堂，办学119年尤其是组建20年以来，始终立足国家战略急需和地方经济社会发展，秉承“为党育人，为国育才”理念，坚守知农爱农情怀和强农兴农使命，为我国农业装备人才培养、科技创新，为推动农民增收、农业发展和农村稳定作出了积极贡献，形成了“工中有农，以工支农”的鲜明办学特色和独特文化情怀。早在1978年，江苏大学就被国务院确定为全国88所重点大学之一，1981年成为全国首批具有博士、硕士学位授予权的高校。近年来，江苏大学聚焦内涵发展，大力推进高水平、有特色、国际化研究型大学建设，办学综合实力和影响力持续提升。特别是习近平总书记在学校信件上作出重要批示，教育部、农业农村部和江苏省签署意见共建江苏大学，为学校事业发展提供了宝贵机遇和良好环境。QS、THE、ARWU等国际权威世界大学排名，学校均跻身Top1000。《中国大学评价》，学校综合排名连续5年位列全国40位左右。这些成绩是历代江大人团结拼搏、不懈奋斗的结果，生动诠释了“自强厚德，实干求真”的江大精神。可以说，江苏大学史就是一部激情澎湃的奋斗史，更是一部求真务实的科技创新史，还是一部生动感人的微型高等教育发展史。这是人民与历史的选择，也是党和国家赋予江苏大学的使命。

雄关漫道真如铁，而今迈步从头越。新时代，江苏大学和全体江大人将坚持以习近平新时代中国特色社会主义思想为指导，深入贯彻落实习近平总书记重要指示批示精神，继承弘扬“博学、求是、明德”的校训和“自强厚德，实干求真”的江大精神，凝全体江大人之心、集全体江大人之力，奋力开创“双一流”创建和高水平研究型大学建设新局面，努力为实现中华民族伟大复兴的中国梦作出新的更大贡献！

2021 年 9 月 24 日

前言

百廿年前，晚清重臣张之洞在《劝学篇》中说："世运之明晦，人才之盛衰，其表在政，其里在学。"意为学校人才与国家政治息息相关。119年来，伴随着中华民族追求独立和复兴的伟大历程，江苏大学办学源头三江师范学堂因救亡图强而诞生，农机、医学、师范诸校随新中国成立而发展，在改革开放中壮大，为中国高等教育的发展做出了重要贡献。江苏大学的百余年办学历程波澜壮阔，是一部气势恢宏的大学精神成长史诗，是滋养全体江大人砥砺前行的精神源泉。

大江潮涌，铁瓮云开。改革开放以来特别是合并建校20年来，学校积极投身风起云涌的时代，走出了一条坚持内涵发展、追求卓越的强校之路，在人才培养、科学研究、社会服务、文化传承与创新、国际交流与合作等方面取得了一系列成绩。今日的江苏大学已然跻身世界高等教育舞台，若干学科排名进入全球前100位，综合实力排名进入权威世界大学排行Top1000，2021年国内大学排名为第38位。

形如丹凤飞衔印，像似苍龙卧吐珠。从1902年办学以来，在历史前行的重要节点，学校从未缺席，相继涌现出一大批仁人志士，上演了一个个可歌可泣的鲜活故事，是他们秉承家国天下情怀，勇担民族复兴大任，用行动践行了"博学、求是、明德"的江大校训，用拼搏播撒了"自强厚德、实干求真"的江大精神，为学校乃至国家赢得了高光时刻。而这些定格在图片中的每一帧画面，都是不能忘记的。值此江苏大学组建20周年暨办学119周年之际，校党委宣传部与出版社联合甄选校史资料，编成这本以图片为主的纪念图册——《印·像：江苏大学发展历程中的记忆》。本书以时间为主轴，以各段校史为支线，兼顾各个时期的特色。一张张充满历史感的旧照片、一段段饱含爱校荣校情怀的回忆……早期相片找寻不易且模糊漫漶，但都是重要见证，尽量予以展示；后期图片渐多，质量也臻完善，然事情视轻重缓急，择优选用。囿于编者识断能力，顾此失彼之处，尚祈老领导、诸位学长及见证者谅宥。当然，更有那些未被镜头捕捉的感人画面，也是非常值得珍视的。在此，希望能请益于各位校友并分享。在编选过程中，我们参见了兄弟院校校史，亦力图在求同存异过程展现江大特色。在此一并致谢。

历史长河无远弗届，依然是由无数次转瞬之间艰难跋涉累积而成。而一代代学子的呐喊、渴望、信念和理想，将永远在中国人心灵中激荡，成为中华民族发展进步永久的动力。深情回眸双甲子，芳华与共再出发。站在新时代，我们有新目标、新征程。以《印·像》为借镜，带着光荣与责任，我们昂首阔步向前！

编辑委员会

2021年8月

目录

上篇 追根脉（溯源篇）

中篇　忆往昔（奠基篇）

下篇　看今朝（发展篇）

上篇

追根脉

◎溯源篇◎

第一章

江苏理工大学校史沿革

（1902—1961.6）

● 三江师范学堂（1902—1905）

清末新政中，在求强思变思潮影响下，光绪二十六年（1900），时任两江总督刘坤一联衔湖广总督张之洞合上《筹办学堂折》，魏光焘等积极筹措，终于1902年在江苏省江宁府北极阁前创立三江师范学堂。

刘坤一

张之洞

魏光焘

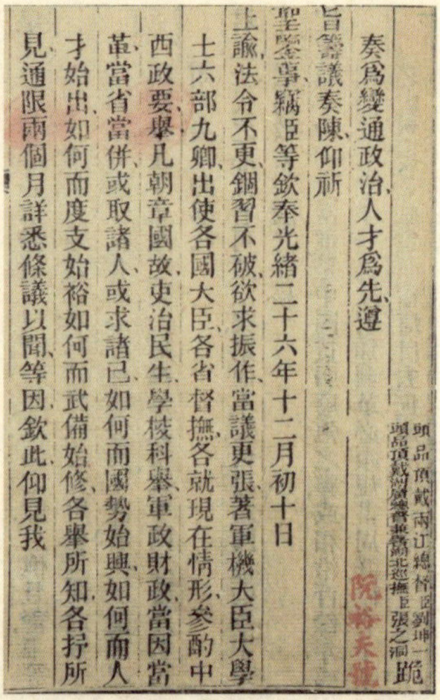

頭品頂戴兩江總督臣劉坤一
頭品頂戴湖廣總督兼署湖北巡撫臣張之洞跪
奏爲變通政治人才爲先遵
旨籌議奏陳仰祈
聖鑒事竊臣等欽奉光緒二十六年十二月初十日
上諭法令不更錮習不破欲求振作當議更張著軍機大臣大學
士六部九卿出使各國大臣各省督撫各就現在情形參酌中
西政要舉凡朝章國故吏治民生學校科舉軍政財政當因當
革當省當併或取諸人或求諸己如何而國勢始興如何而人
才始出如何而度支始裕如何而武備始修各舉所知各抒所
見通限兩個月詳悉條議以聞等因欽此仰見我

刘坤一联衔张之洞奏陈《筹办学堂折》

三江师范学堂创办合影（居中者为张之洞）

● 两江师范学堂（1905—1912）

1905 年，三江师范学堂改名“两江师范学堂”，倡导“崇实务本”之学风。

两江师范学堂校训：嚼得菜根，做得大事

两江师范学堂学监李瑞清办学信念：“视教育若生命，学校如家庭，学生若子弟。”他是我国高校美术系科的创始人，培养了吕凤子等美术人才。

李瑞清

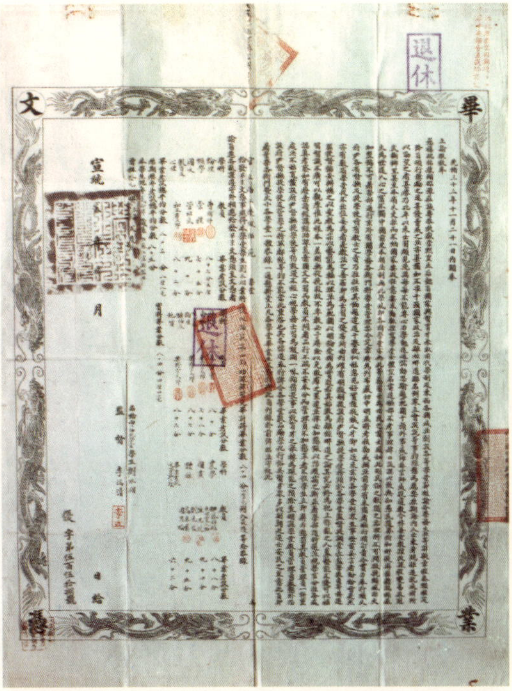

毕业文凭

卒业证书

金工实习工厂

木工实习工厂

两江师范学堂全景示意图

一字房

口子房

教习房

● 南京高等师范学校（1914—1920）

辛亥革命后，两江师范学堂因战事一度停办。1914 年，以两江师范学堂旧址改办南京高等师范学校。江谦、郭秉文先后执掌校政，致力于改革，使一所“中体西用”的师范学堂发展成为一所初具现代科学体系的多学科综合大学，享誉海内外。

南京高等师范学校校训：诚实　勤奋　求实

首任校长、北洋政府江苏教育司司长　江谦

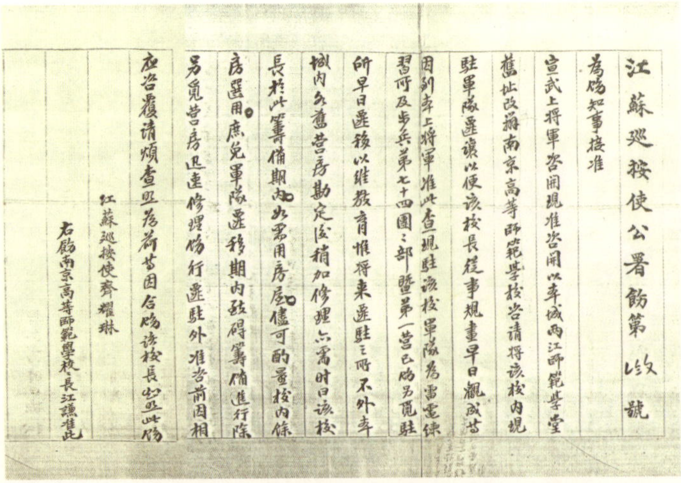

江蘇巡按使公署飭第[illegible]號

為飭知事據准

宣武上將軍咨開現准咨開以本城兩江師範學堂舊址改辦南京高等師範學校咨請將該校內現駐軍隊遷讓以便該校長從事規畫早日觀成等因到本上將軍准此查現駐該校軍隊為雷電練習所及步兵第七十四團二部暨第一營已飭另覓駐所早日遷移以維教育惟將來遷駐之所不外本城內各舊營房勘定後稍加修理亦需时日該校長於此籌備期內如需用房屋儘可酌量校內餘房選用庶免軍隊遷移期內致碍籌備進行除另覓營房迅速修理飭行遷駐外准咨前因相應咨覆請煩查照為荷等因合飭該校長知照此飭

江蘇巡按使齊耀琳

右飭南京高等師範學校校長江謙准此

江苏巡按使公署关于两江师范学堂改办南京高等师范学校的批文

南京高等师范学校校友会第一次大会合影

南京高等师范学校校门

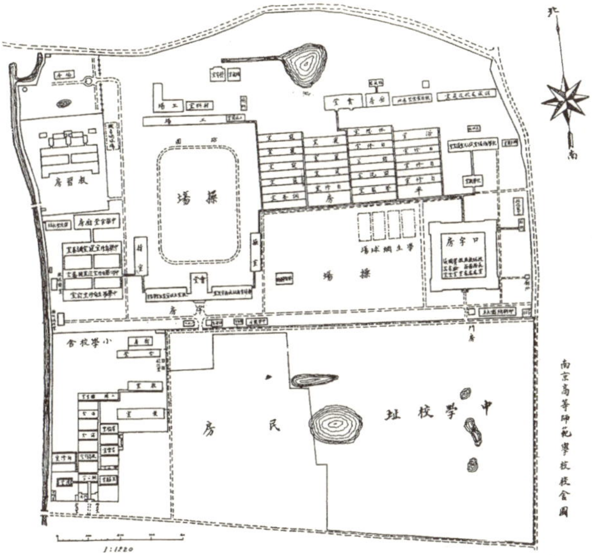

校园平面示意图

刘伯明

熊庆来

竺可桢

陶行知

杨杏佛

著名教授

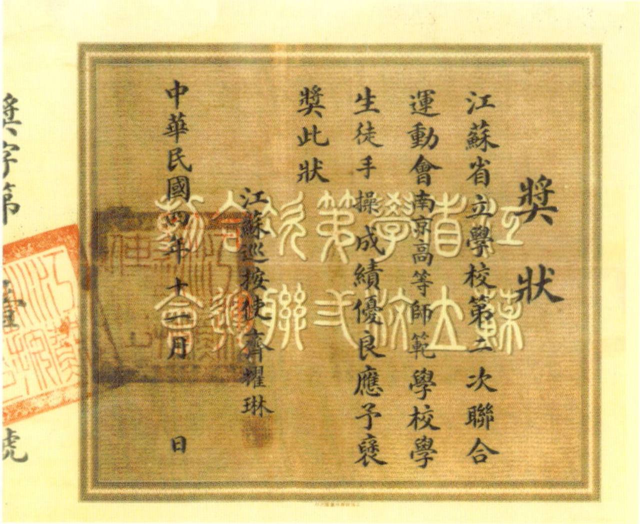

徒手操奖状

体育专科生合影

南京高等师范学校的全国第一

1915 年开办第一个体育专科

1919 年率先改教授法为教学法

1920 年成立第一个新型地学系

1920 年在中国国内首次实现大学男女同校

1920 年开始面向社会开办暑期学校

● 国立东南大学（1920—1927）

1920 年 4 月，张謇、蔡元培、郭秉文等 10 位教育界名流作为发起人致文国务院及教育部，建议创办国立东南大学。同年 12 月 7 日，国务会议全体通过。

南京高等师范学校校长、国立东南大学首任校长郭秉文

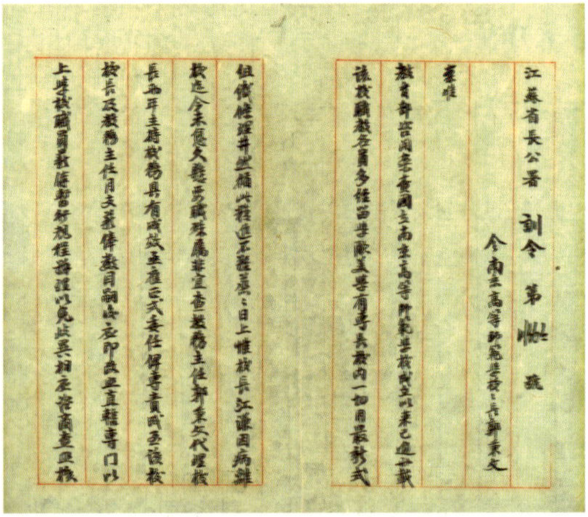

江蘇省長公署　訓令　第　號

令南京高等師範學校校長郭秉文

江苏省长公署关于南京高等师范学校校长郭秉文的任命批文

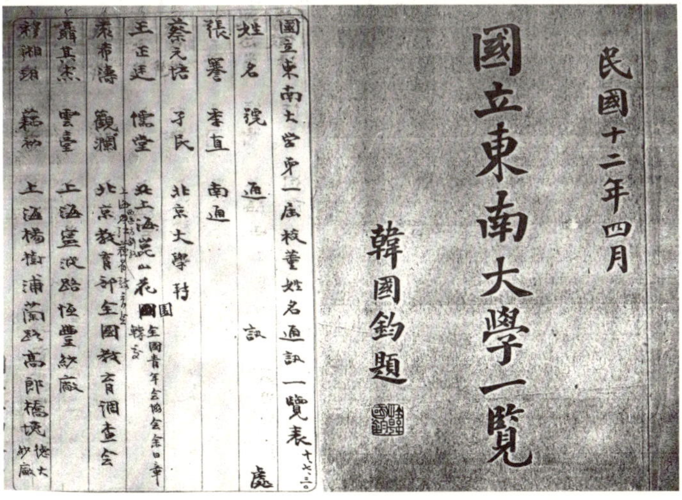

國立東南大學第一屆校董姓名通訊一覽表

姓名	號	通訊處
張謇	季直	南通
蔡元培	孑民	北京大學轉
王正廷	儒堂	上海
袁希濤	觀瀾	北京教育部全國教育調查会
聶其杰	雲台	上海寧波路恒豐紗廠
穆湘玥	藕初	上海楊樹浦蘭路高郎橋德大紗廠

國立東南大學一覽

民國十二年四月

韓國鈞題

国立东南大学第一届校董名单

国立东南大学校徽

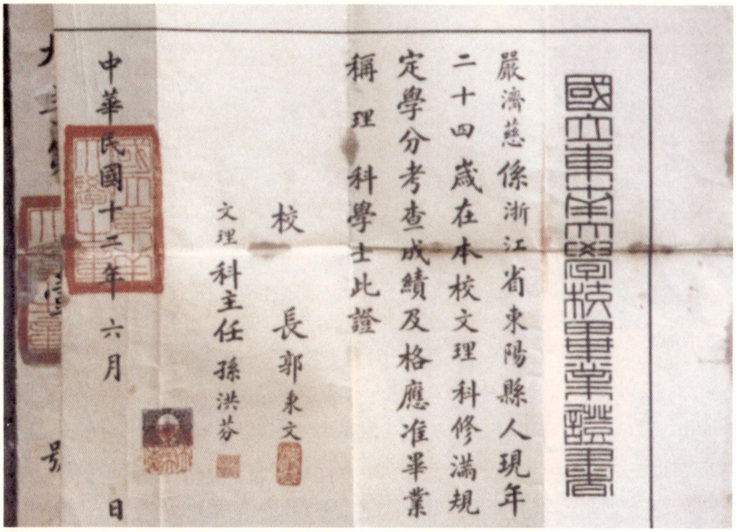

严济慈东南大学毕业证书（1923 年）

国立东南大学同学合影（1922 年）

体育馆（1922 年立基，次年竣工，面积 2317 平方米，堪称当时国内高校规模之最）

图书馆（1922 年立基，次年落成，后扩建两翼书库，总面积 3813 平方米，是国内近代建筑的优秀作品）

第四中山大学、中央大学
首任校长张乃燕

第四中山大学——江苏大学（1927—1928）

1927 年 6 月 6 日，国民政府教育行政委员会明令将国立东南大学、河海工科大学等 9 所高校组建成国立第四中山大学。1928 年 2 月学校更名为国立江苏大学，这是第一次以“江苏大学”命名学校；同年 5 月更名为国立中央大学。

国立中央大学（1928—1949）

国立中央大学成立后，学校进入相对稳定的发展阶段。1932 年商学院、医学院划出，1935 年再度创办医学院。学校共有文、理、法、教、农、工、医 7 个学院，一直延续到 1949 年。

国立中央大学历任校长

罗家伦

顾孟余

顾毓琇

吴有训

周鸿经

国立中央大学校门

校园鸟瞰图

礼堂

延聘名师　俊彦云集

梁希、孙本文、艾伟、胡焕庸、蔡翘、楼光来、胡小石、柳诒徵、高济宇、常道直、徐悲鸿、戴修骏等部聘教授，宗白华、马寅初、金善宝、张钰哲、童第周、曾昭抡、蔡旭、欧阳翥、徐志摩、闻一多、张大千、张奚若、罗宗洛、赵忠尧及居里夫人为中国培养的唯一一位研究生施士元等名师来校任教。

战争爆发 西迁入川

1937年9月23日教育部令“准迁重庆”，西迁后校分四地——重庆沙坪坝本部、重庆柏溪分校、成都华西坝医学院和农学院畜牧兽医系、贵阳实验中学。同年12月下旬，学校在重庆沙坪坝新校址正式复课。

校门

校舍

爱国运动

自 1947 年起，学校师生进行了一系列爱国斗争，直至 1949 年南京解放，学校翻开历史新篇。

1947 年抗议美军暴行的游行队伍正从国立中央大学校门走出

1947 年“五二〇”运动，京沪苏杭学生在南京举行大游行

学科建设

1933 年教育学院增设心理系，工学院恢复化学系；1934 年工学院成立机械特别研究班；1935 年重建医学院，开办牙科学校；1937 年成立我国第一个航空工程系，工学院增设水利工程系，筹建中央大学研究院。

1942 年机械系学生毕业照

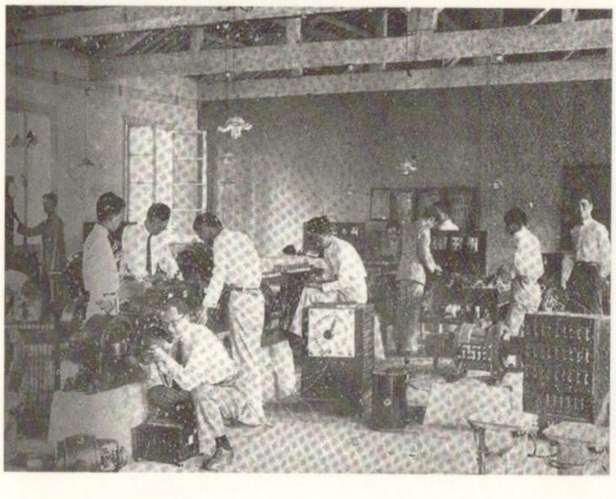

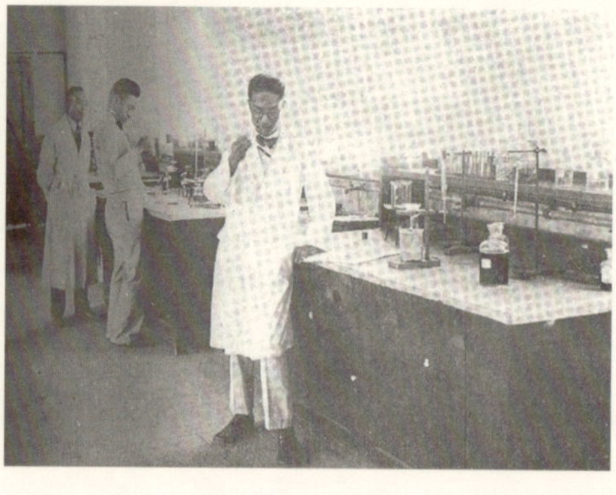

实习

● 国立南京大学——南京大学（1949—1952）

1949 年 5 月 7 日，南京市军管会接管国立中央大学；8 月 8 日，学校更名国立南京大学；1950 年 10 月 10 日，去掉“国立”，径称“南京大学”。学校通过一系列积极稳妥的改革，确立了社会主义办学方向，明确了教学与科研结合的方针，为事业的发展奠定了基础。

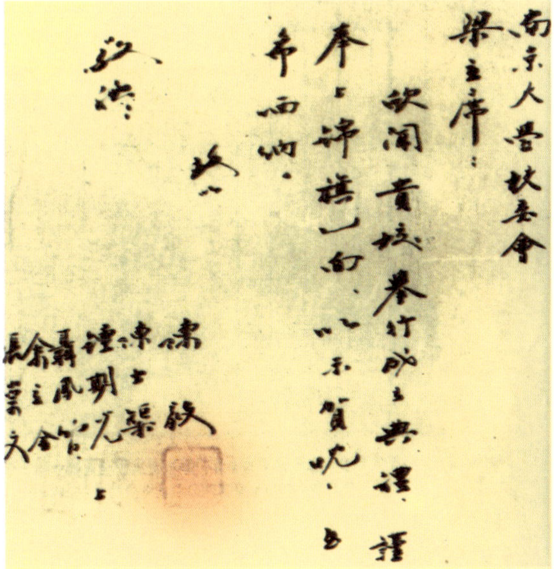
南京大學校委會
梁主席：
欣聞貴校舉行成立典禮，謹
奉錦旗一面，以示賀忱，並
希哂納。
致
敬禮
陳毅 粟裕 陳士榘

南京大学成立大会陈毅等贺函

国立南京大学校务委员会主席梁希

国立南京大学校务委员会主席、南京大学校长潘菽

1949 年中国第一届农业工程系毕业生与教师在丁家桥校园合影

院系调整

1952 年 7 月 26 日，以南京大学文学院、理学院，金陵大学文学院、理学院为主体，组建文理学科型的综合大学，校名仍为南京大学，校址设在原金陵大学。以原国立中央大学为主体，先后并入复旦大学、交通大学、浙江大学、金陵大学等校有关系、科，建立南京工学院，校址在国立中央大学本部原址。

● 南京工学院（1953—1961）

1953年，以南京大学原工学院为基础独立组建南京工学院，以南京大学四牌楼本部作为南京工学院校址。学院设7个系、10个本科专业、10个专修科专业。

南京工学院校门

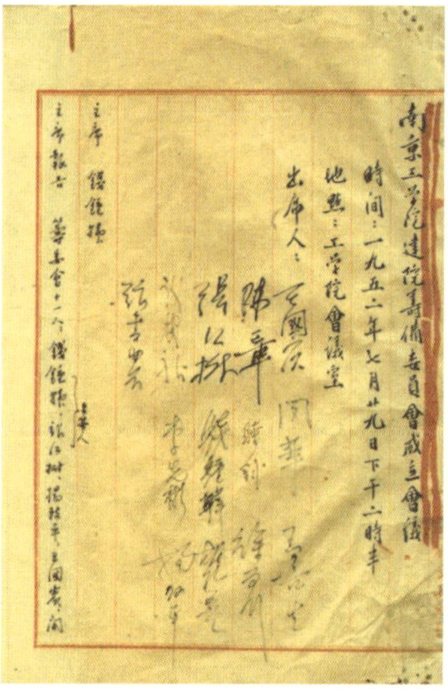

南京工学院建院筹备委员会成立会议

时间：一九五二年七月廿九日下午二时半

地点：工学院会议室

出席人：

主席　钱钟韩

南京工学院建院筹备委员会成立会议记录

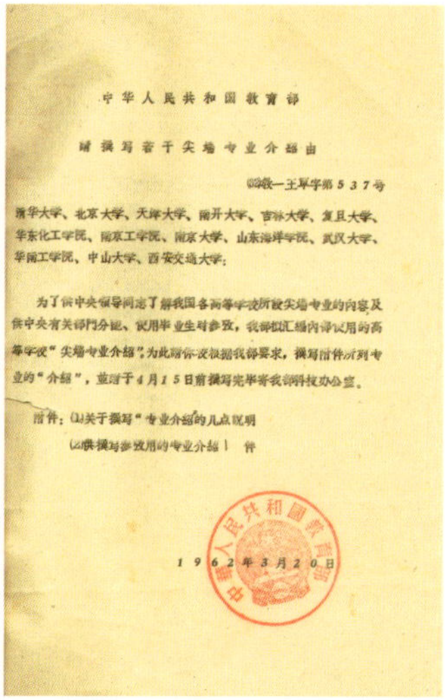

中华人民共和国教育部

请撰写若干尖端专业介绍由

(62)教一王军字第537号

清华大学、北京大学、天津大学、南开大学、吉林大学、复旦大学、华东化工学院、南京工学院、南京大学、山东海洋学院、武汉大学、华南工学院、中山大学、西安交通大学：

为了供中央领导同志了解我国各高等学校所设尖端专业的内容及供中央有关部门分配、使用毕业生时参考，我部拟汇编内部试用的高等学校"尖端专业介绍"，为此请你校根据我部要求，撰写附件所列专业的"介绍"，並请于4月15日前撰写完毕寄我部科技办公室。

附件：(1)关于撰写"专业介绍"的几点说明

(2)供撰写参考用的专业介绍1件

1962年3月20日

教育部要求学校撰写"尖端专业介绍"的公文

实验室建设

建校初期，全校仅有 19 个实验室。至 1957 年，3 门基础课程、14 门技术基础课程、56 门专业课程，全部如期建造了符合教学大纲要求的实验室。

学生在热工实验室进行汽油启动柴油发动机的性能实验

机械系学生在进行金属切削实验

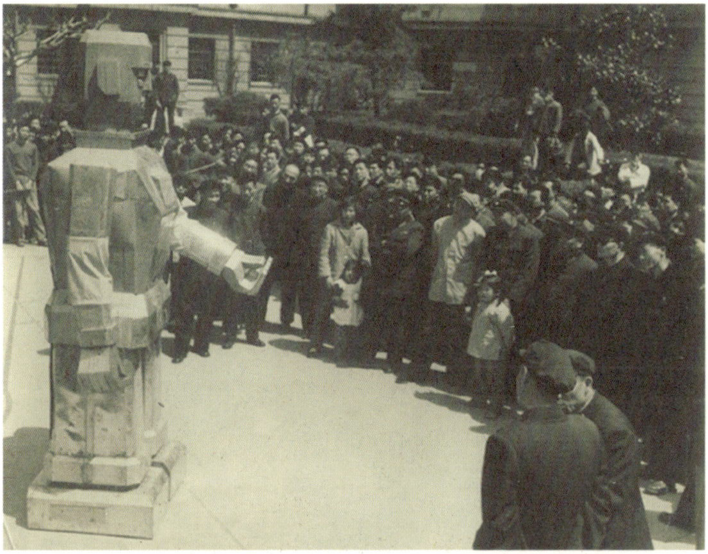

1960年学校为祝贺全国文教群英会召开而研制的机器人

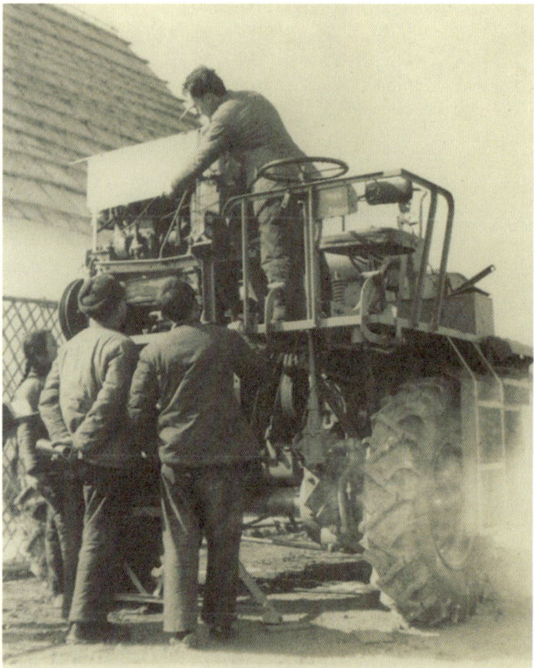

农业机械专业学生在农机实验室进行谷物康拜因装拆试验

办学情况

南京工学院 1955 年即创办农业机械设计制造专业，是我国最早设置该类专业的高校。汽车拖拉机专业于 1959 年创办，教师中有首批留美、留苏和苏联专家培养的研究生，师资力量雄厚。

1945 年中国 20 位留美农机学科学生合影（第二排左一为吴相淦，左二为吴起亚，右三为高良润；前排右四为国民政府抗战时期教育委员会主任委员顾毓琇，右一为著名教育家陈东原）

1962 年镇江农业机械学院原南京工学院教师与系领导合影

1948 年 5 月留美农机学科学生结束在美学习即将回国（前排左五为吴相淦，右二为吴起亚，后排左三为高良润）

1961 年南京工学院 9 系农机学院一部分教师和南京工学院系领导合影（前排左六为镇江农业机械学院院长陈云阁，左七为南京工学院院长刘雪初）

哈尔科夫工学院全体中国毕业生与该院系领导合影（一）

哈尔科夫工学院全体中国毕业生与该院系领导合影（二）

1957 年苏联农机专家尼古拉也夫与学校农业机械教研室教师和首届农业机械设计制造研究生合影

尼古拉也夫与农业机械教研室教师合影

尼古拉也夫与农 541 班部分同学合影

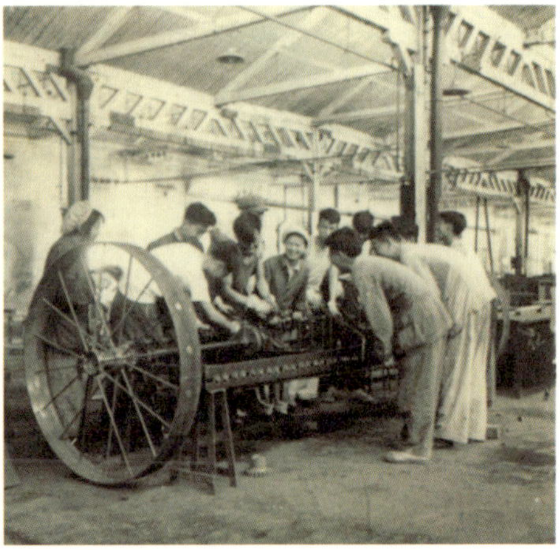

农 541 班同学在沈阳农业机械厂观摩 24 行播种机

苏联专家培养的我国第一批农机专业 8 位研究生班学员合影

南京工学院机械工程 2 系第一届毕业生合影

● 南京农业机械学院（1960.1 筹 —1961.5）

1958 年，党中央提出“以农业为基础，以工业为主导”的发展国民经济的总方针。1959 年毛泽东指出：“农业的根本出路在于机械化。”同年，农业机械工业部提出以原南京工学院农业机械、汽车拖拉机专业为基础，筹建南京农业机械学院。1960 年 1 月 20 日，“南京农业机械学院筹备处”成立。9 月 3 日，农业机械部批复同意正式成立“南京农业机械学院”。

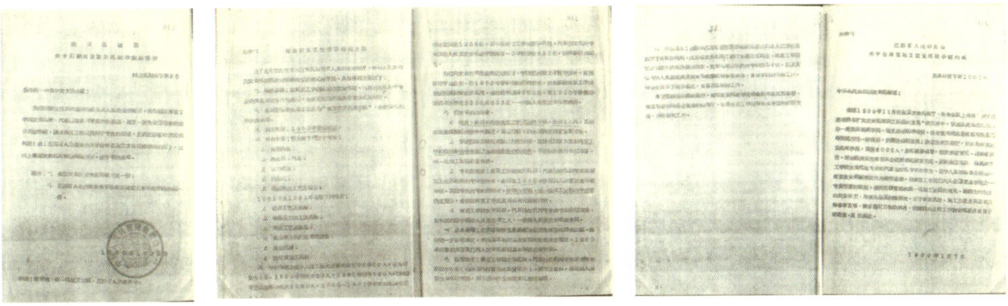

筹建南京农业机械学院的报告

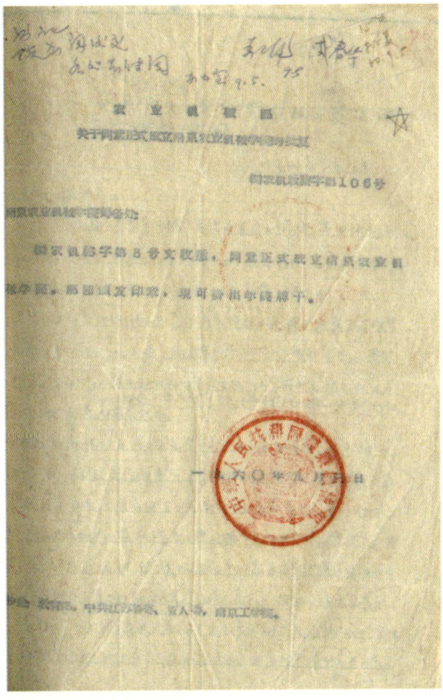

农业机械部

关于同意正式成立南京农业机械学院的批复

（60）农机教部字第106号

南京农业机械学院筹备处：

（60）农机筹字第8号文收悉，同意正式成立南京农业机械学院。[illegible]

一九六〇年九月三日

抄送：教育部、中共江苏省委、省人委、南京工学院。

农业机械部的批复

第二章

镇江医学院校史沿革

（1934.9—1957.8）

镇江医学院是在南京市中级医士学校和江苏医学院的基础上建立和发展起来的，先后经过中专、大专和本科 3 个发展阶段。至 2001 年，学校共培养各类医学人才 15140 名，是全国第一所开办大专医学检验专业的学校，也是全国首批开办医学检验本科专业的 5 所院校之一。学校形成了以临床医学为基础、以医学检验为特色的办学格局，培养了国务院原副总理李岚清等一众杰出人物。

● 江苏省立医政学院（1934—1938）

1934 年 9 月 1 日，江苏省立医政学院创建于镇江。

陈果夫（时任江苏省政府主席）兼任院长

教育长胡安定

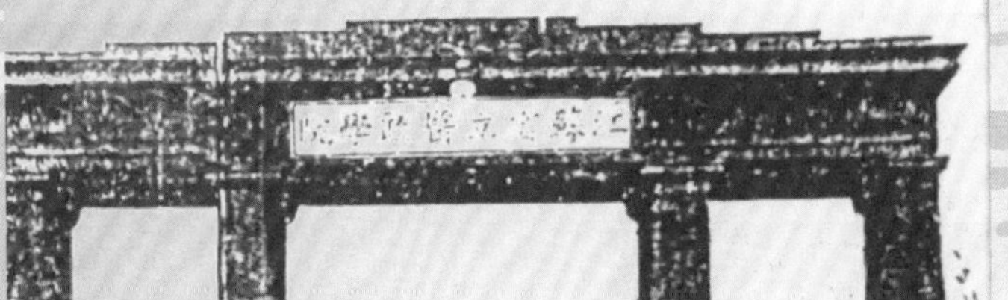

江苏省立医政学院校门

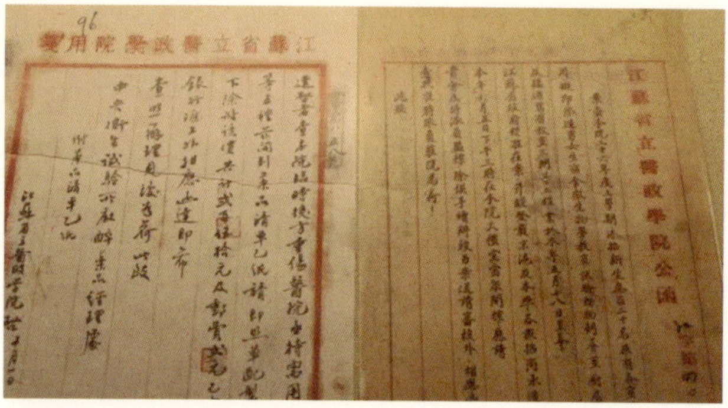

江苏省立医政学院时期公函

江苏省立医政学院唯一的两层楼房

● 国立江苏医学院（1938—1949）

1938 年 8 月，江苏省立医政学院更名为国立江苏医学院。

国立江苏医学院校门

江苏医学院（1949—1957）

1949 年 5 月，国立江苏医学院更名为江苏医学院。

教务处

教室外景

院图书馆

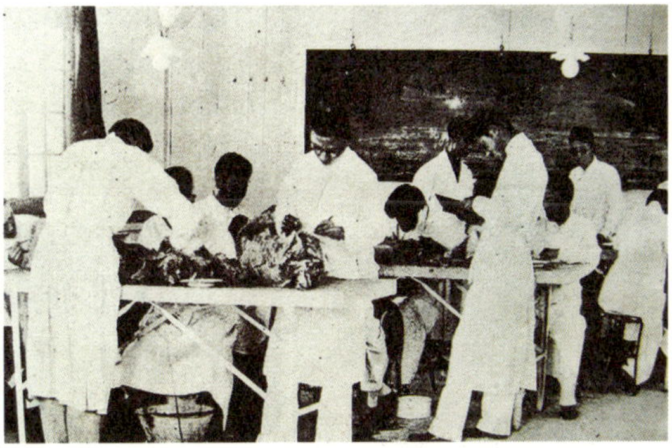

解剖实习课场景

南京医士学校（1951—1953）

1951 年 7 月，南京市中级医士学校创建于南京；1952 年更名为“南京医士学校”。

南京医士学校 X 光技士训练班毕业与检验员训练班结业合影（1952 年）

南京医士学校检验员训练班毕业合影（1953 年）

中国新民主主义青年团江苏省南京医士学校支部欢送第一届结业同志合影（1953 年）

江苏省南京医士学校第一届毕业生合影(1954 年）

第三章

镇江师范专科学校校史沿革

（1958.6—1978.12）

镇江师范专科学校创建于 1958 年 6 月。1978 年 1 月，在镇江地区第一师范学校的基础上筹建南京师范学院镇江分院。同年 12 月，经国务院批准，南京师范学院镇江分院正式更名为镇江师范专科学校。

建校初的镇江师范专科学校图书馆

师生在学校大门前留影

1958 年师生在学校教学楼前合影

中篇

忆往昔

◎奠基篇◎

第一章

五棵松下格物穷理

东南院系支分 蔚然深秀

镇江农业机械学院开先河（1961.6–1982.8）

镇江农业机械学院成立于1961年，是全国重点大学之一。学院筹建时，以南京工学院的农机、汽车拖拉机专业的师资、设备为基础。1963年，吉林工业大学排灌机械专业和排灌机械研究室迁入学院。1970年，学院与南京农学院农业机械化分院合并。1980年，学院举办全国性的农机测试技术、排灌机械、德语、英语进修班和农机管理干部专修班，并为联合国亚洲及太平洋经济和社会理事会举办农业机械培训班。

学院实行教学与科学研究相结合，附设排灌机械研究所，从事排溉、喷灌机械的研究；还设有工程力学研究室、测试技术研究室、工程热物理研究室。

镇江农业机械学院校门

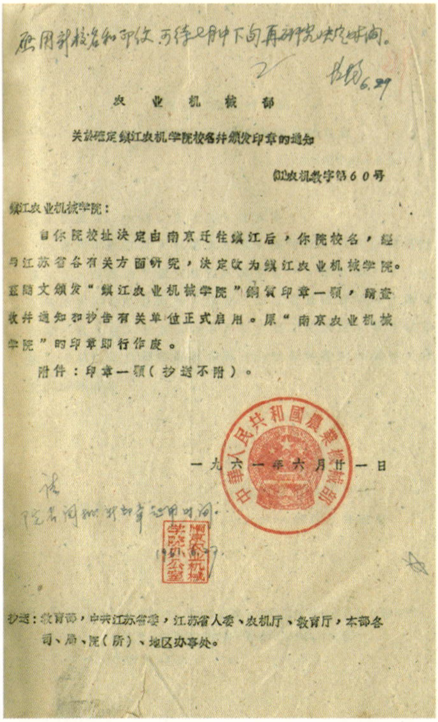

农　业　机　械　部

关于确定镇江农机学院校名并颁发印章的通知

(61)农机教字第60号

镇江农业机械学院：

自你院校址决定由南京迁往镇江后，你院校名，经与江苏省各有关方面研究，决定改为镇江农业机械学院。兹随文颁发"镇江农业机械学院"铜质印章一颗，请查收并通知和抄告有关单位正式启用。原"南京农业机械学院"的印章即行作废。

附件：印章一颗（抄送不附）。

一九六一年六月廿一日

抄送：教育部，中共江苏省委，江苏省人委、农机厅、教育厅，本部各司、局、院（所）、地区办事处。

1961 年学校确定校名为"镇江农业机械学院"

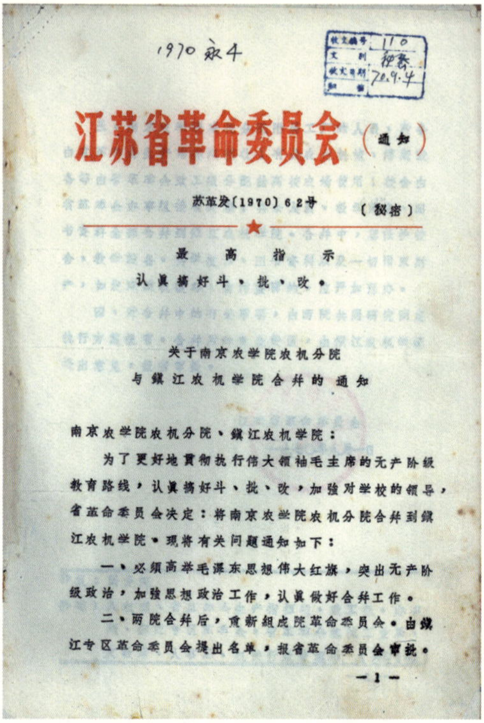

江苏省革命委员会（通知）

苏革发〔1970〕62号

（秘密）

最　高　指　示

认真搞好斗、批、改。

关于南京农学院农机分院
与镇江农机学院合并的通知

南京农学院农机分院、镇江农机学院：

为了更好地贯彻执行伟大领袖毛主席的无产阶级教育路线，认真搞好斗、批、改，加强对学校的领导，省革命委员会决定：将南京农学院农机分院合并到镇江农机学院。现将有关问题通知如下：

一、必须高举毛泽东思想伟大红旗，突出无产阶级政治，加强思想政治工作，认真做好合并工作。

二、两院合并后，重新组成院革命委员会。由镇江专区革命委员会提出名单，报省革命委员会审批。

—1—

1970 年 9 月 1 日与南京农学院农机分院合并

历任主要领导

胡扬

陈云阁

宋亚欣

● 重要事件

陈云阁查看镇江新校址基建工地

1963年吉林工业大学排灌机械专业和排灌研究室迁至镇江，吉林工业大学欢送戴桂蕊、荆广生、杨克刚等27名教师

1964年时任农机部科技司司长黄若敦来校商谈成立排灌机械研究所事宜，倪大成、戴桂蕊、丁泮浩、徐伟等参加

● 校园风貌

基础课实验楼

基础课教学楼

图书馆

学生宿舍楼

● 教育教学

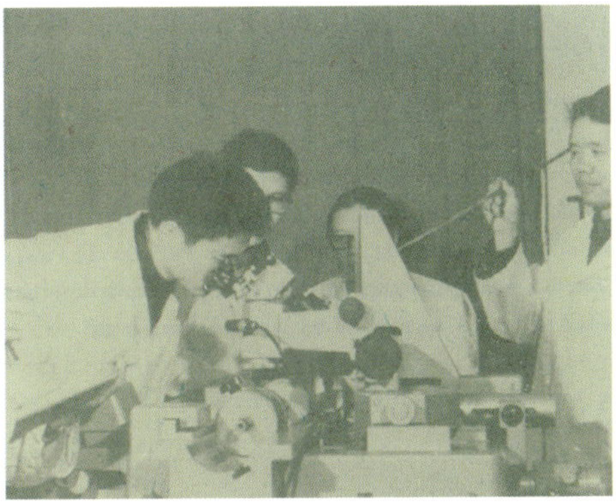

学生在公差与技术测量实验室用万能工具显微镜进行精密测量

电气工程系学生在进行电子技术实验

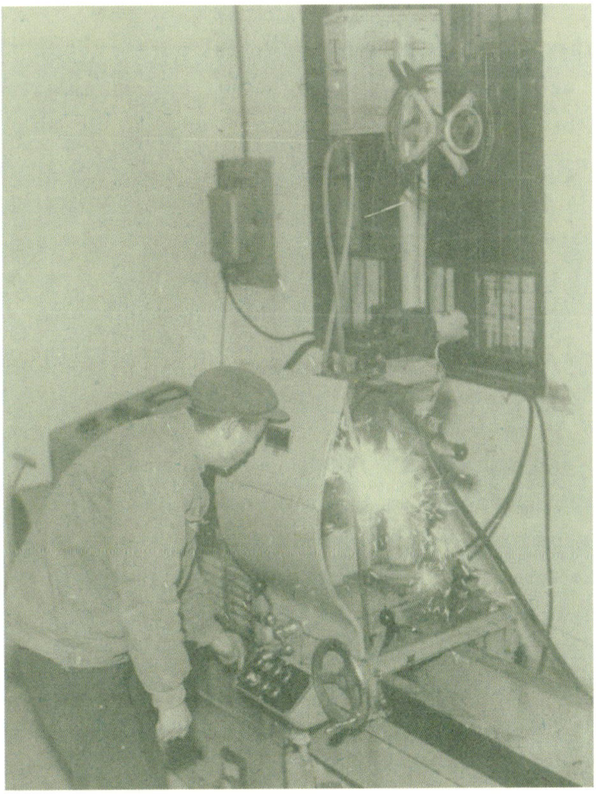

农机修理实验室在进行振动堆焊

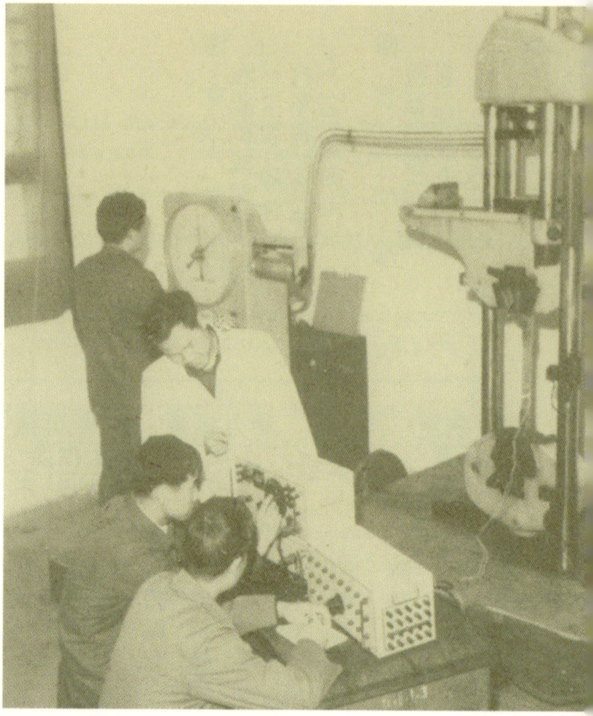

材料力学实验室在进行电测教学实验

1963 年学校成立第一支男子排球队

排球比赛

师资队伍

首批硕士研究生导师

戴桂蕊	高良润	林世裕

首批博士研究生导师

高良润	钱定华

戴桂蕊

高良润

钱定华

林世裕

● 科学研究

学校具有深厚的科研基础和鲜明的研究特色，28 项成果获全国科学大会、全国机械工业大会和江苏省科学大会奖。

1960 年学校研制的气流式采棉机

学校研制的选采式采茶机在宜兴茶场试验

学校研制的 TDG400 全自动半喂式脱粒机

时任一机部部长项南参观学校实验室

学科建设

根据国家经济建设需要，学校合理调整学科方向，注意学科交叉，促进多学科发展。

1963 年	制订第一个研究生培养计划，招收第一批研究生
1978 年	成为全国 88 所重点大学之一
1981 年	成为首批具有博士、硕士学位授予权的高校 农业机械设计制造具有博士学位授予权 农业机械设计制造、固体力学、机械制造、内燃机、农业机械化具有硕士学位授予权
1982 年	成为首批具有学士学位授予权高校

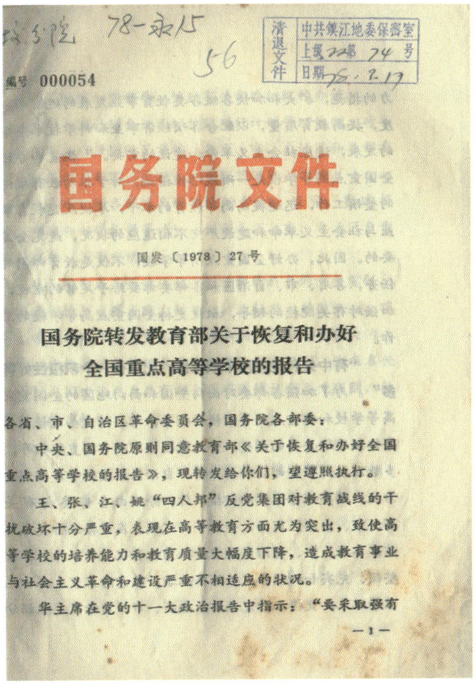

清退文件　中共镇江地委保密室

编号 000054

国务院文件

国发〔1978〕27号

国务院转发教育部关于恢复和办好全国重点高等学校的报告

各省、市、自治区革命委员会，国务院各部委：

中央、国务院原则同意教育部《关于恢复和办好全国重点高等学校的报告》，现转发给你们，望遵照执行。

王、张、江、姚“四人帮”反党集团对教育战线的干扰破坏十分严重，表现在高等教育方面尤为突出，致使高等学校的培养能力和教育质量大幅度下降，造成教育事业与社会主义革命和建设严重不相适应的状况。

华主席在党的十一大政治报告中指示：“要采取强有

—1—

1978 年被列为全国 88 所重点大学之一的国务院批文

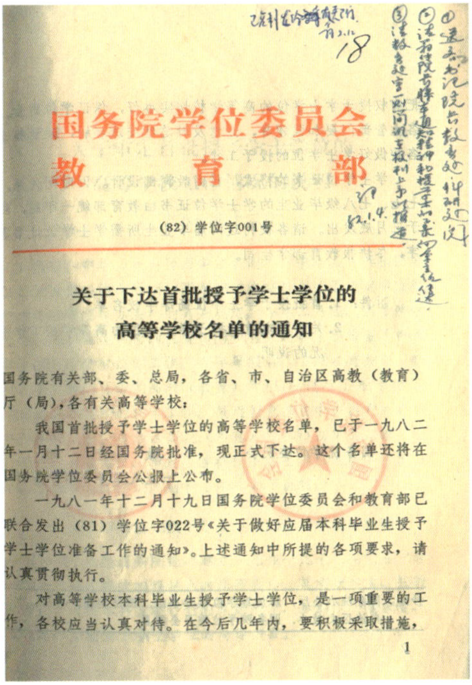

国务院学位委员会
教育部

(82) 学位字001号

关于下达首批授予学士学位的高等学校名单的通知

国务院有关部、委、总局，各省、市、自治区高教（教育）厅（局），各有关高等学校：

我国首批授予学士学位的高等学校名单，已于一九八二年一月十二日经国务院批准，现正式下达。这个名单还将在国务院学位委员会公报上公布。

一九八一年十二月十九日国务院学位委员会和教育部已联合发出（81）学位字022号《关于做好应届本科毕业生授予学士学位准备工作的通知》。上述通知中所提的各项要求，请认真贯彻执行。

对高等学校本科毕业生授予学士学位，是一项重要的工作，各校应当认真对待。在今后几年内，要积极采取措施，

1

1982 年被列为首批具有学士学位授予权高校的批文

新中国第一位内燃机博士高宗英从奥地利学成回国

农机培训

1980 年起，学校受联合国工业发展组织委托，举办亚太农机网农机设计制造培训班（简称“亚太培训班”），为亚太地区培训农机专家。

1980 年 9 月举办第一期亚太培训班（4 名学员分别来自菲律宾、泰国、印度、巴基斯坦）

亚太培训班学员在农机实验室实习

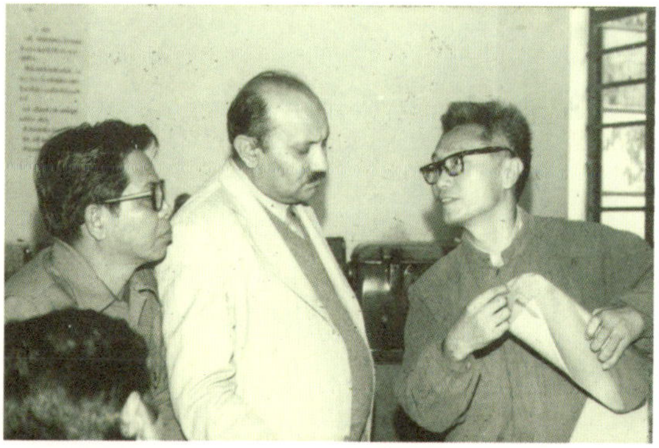

亚太培训班机械制造教学实习

国际交流与合作

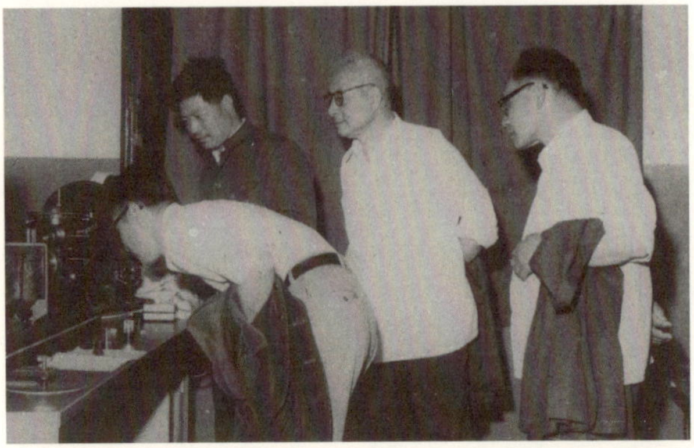

美国威斯康星—密尔瓦基大学曹克诚教授来校参观访问并讲学

日本东京电机大学长广仁藏教授参观学校农机实验室

国际水稻研究所工程部主任莫斯博士参观学校附属机械工厂

江苏工学院定格局（1982.8－1994.1）

自建校至1982年，学校规模不断扩大，系科专业逐步增加，由以机械学科为主向机械、电气、管理多学科发展，由以本科生培养向博士生、硕士生、本科生、专科生及成人教育多层次人才培养发展，由以教学为主向以教学、科研为中心发展。1982年8月25日，经机械工业部批准，学校更名为“江苏工学院”。

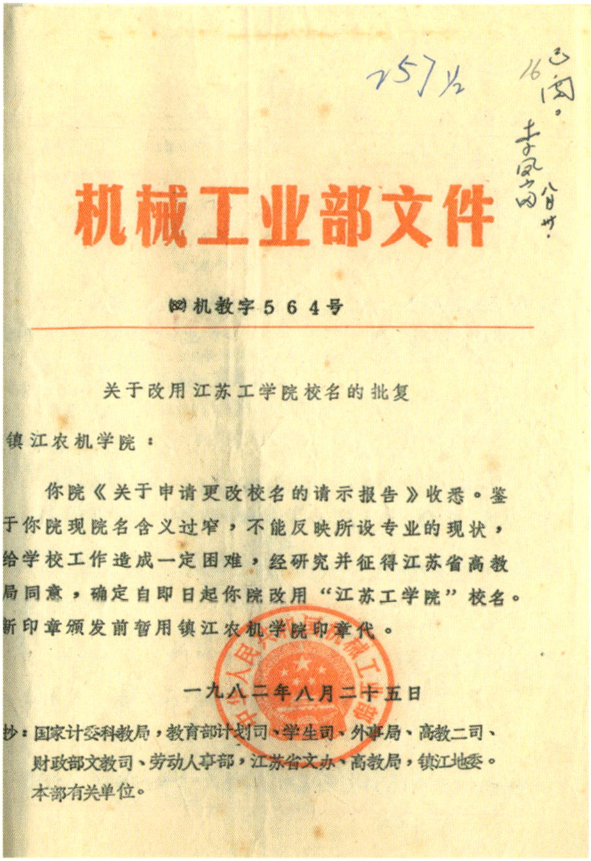

机械工业部文件

(82)机教字564号

关于改用江苏工学院校名的批复

镇江农机学院：

你院《关于申请更改校名的请示报告》收悉。鉴于你院现院名含义过窄，不能反映所设专业的现状，给学校工作造成一定困难，经研究并征得江苏省高教局同意，确定自即日起你院改用“江苏工学院”校名。新印章颁发前暂用镇江农机学院印章代。

一九八二年八月二十五日

抄：国家计委科教局，教育部计划司、学生司、外事局、高教二司、财政部文教司、劳动人事部，江苏省文办、高教局，镇江地委。本部有关单位。

“镇江农业机械学院”更名为“江苏工学院”获得机械工业部批复文件

● 历任主要领导

宋亚欣

秦长安

高宗英

郭骅

金树德

首届教职工代表大会

1986 年中共江苏工学院第三次党代会

1990 年建院 30 周年庆典

1986 年 10 月起，南京工学院、南京化工学院、无锡轻工业学院、江苏工学院四校合作

1990 年建院 30 周年校庆洛阳拖拉机厂赠送拖拉机场景

● 来访与交流

著名科学家钱伟长来校并受聘为学校名誉教授

时任国家教委副主任朱开轩来校

语言学家吕叔湘来校

长征 3 号运载火箭总设计师谢光选来校

光学专家王大珩来校

1992 年 6 月学校举办《中国农机事业回顾与展望》研讨会

高良润、李克佑、曾德超、吴起亚、水新元、吴相淦、张季高、万鹤群合影（右起）

教学科研

博士学位授予权的学科专业一览

学科专业	导师
农业机械设计制造（含拖拉机）（全国首批）	高良润、桑正中、宫镇、吴守一、陈翠英
内燃机（全国特批）	高宗英、李德桃
农业机械化	吴相淦
农产品加工（本学科全国首家）	吴守一、陈钧

硕士学位授予权的学科专业一览

农业机械设计制造（农业机械）	农业机械设计制造（拖拉机）
农产品加工	工程机械
机械学	内燃机
热能工程	流体机械及流体动力工程
固体力学	汽车设计制造
机械制造	金属材料及热处理
计算机应用	管理工程
农业机械化	振动冲击噪声

首届研究生代表大会召开

1993 年学校农产品加工工程学科获全国该学科第一个博士点，张建平为该专业第一位博士

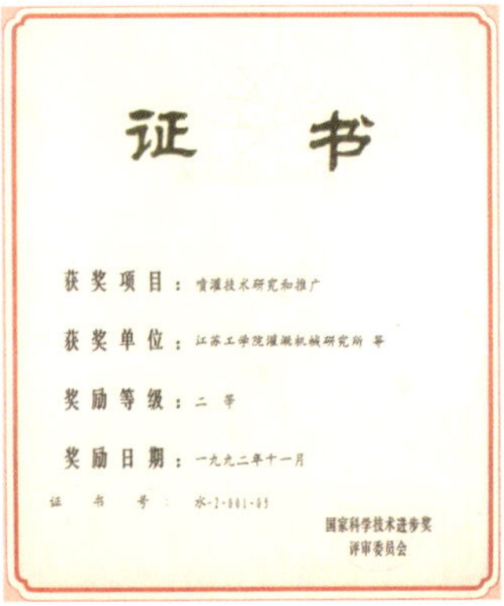

证 书

获奖项目：喷灌技术研究和推广

获奖单位：江苏工学院灌溉机械研究所 等

奖励等级：二 等

奖励日期：一九九二年十一月

证 书 号：水-2-001-05

国家科学技术进步奖
评审委员会

“喷灌技术研究和推广”获国家科学技术进步奖二等奖

● 国际交往

学校先后与美国、英国、日本、俄罗斯、德国、奥地利、法国、澳大利亚、罗马尼亚、南斯拉夫、意大利、加拿大等国的有关高校建立了合作与交流关系，学校教学科研水平日益提升。

1982 年美国威斯康星—密尔瓦基工学院兰迪斯院长来校访问，与学校签订友好交流协议并做学术报告

1983 年美国农机工程专家马克·肖夫妇应邀来校

1986年日本三重大学校长访校并签订友好交流协议

1993年与俄罗斯顿河技术大学签约、互访

1993年5月俄罗斯顿河技术大学校长访问学校

江苏理工大学崭头角（1994.1–2001.8）

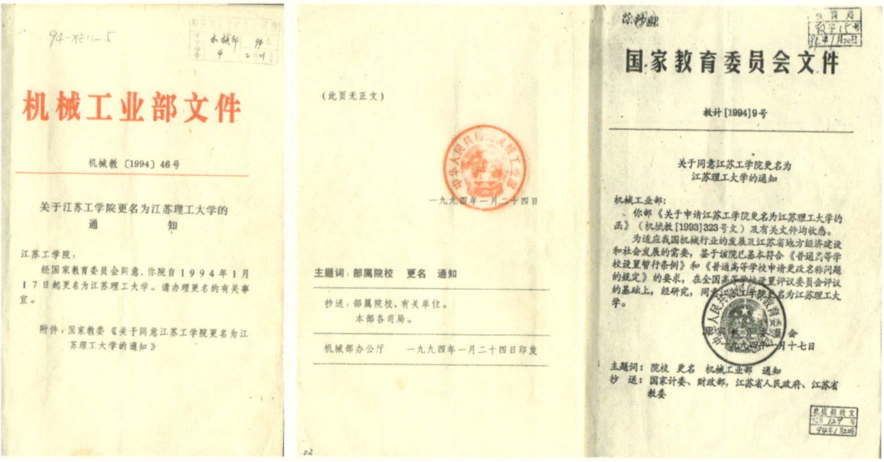

机械工业部文件

机械教〔1994〕46号

关于江苏工学院更名为江苏理工大学的
通　　知

江苏工学院：

经国家教育委员会同意，你院自1994年1月17日起更名为江苏理工大学。请办理更名的有关事宜。

附件：国家教委《关于同意江苏工学院更名为江苏理工大学的通知》

（此页无正文）

一九九四年一月二十四日

主题词：部属院校　更名　通知

抄送：部属院校、有关单位。
本部各司局。

机械部办公厅　一九九四年一月二十四日印发

国家教育委员会文件

教计[1994]9号

关于同意江苏工学院更名为
江苏理工大学的通知

机械工业部：

你部《关于申请江苏工学院更名为江苏理工大学的函》（机械教[1993]323号文）及有关文件均收悉。

为适应我国机械行业的发展及江苏省地方经济建设和社会发展的需要，鉴于该院已基本符合《普通高等学校设置暂行条例》和《普通高等学校申请更改名称问题的规定》的要求，在全国高等学校设置评议委员会评议的基础上，经研究，同意江苏工学院更名为江苏理工大学。

国家教育委员会
一九九四年一月十七日

主题词：院校　更名　机械工业部　通知

抄　送：国家计委、财政部，江苏省人民政府、江苏省教委

1994年1月17日国家教委发文同意学校更名为“江苏理工大学”

江苏工学院更名为江苏理工大学揭牌仪式

1994年，学校全日制在校生逾15000人；设有16个学院（部）、39个本科专业，3个博士后流动站和10个博士点、33个硕士点。

1995 年 12 月时任机械工业部邵奇惠副部长来校

1999 年 1 月时任江苏省委副书记顾浩视察学校

历任主要领导

金树德

高宗英

张弼

蔡兰

1997 年江苏理工大学冶金学院（江苏省第一个培养冶金行业高级专门人才的基地）成立

1999 年江苏理工大学京江学院成立

江苏理工大学董事会成立大会暨第一次全体大会

1998 年学校由江苏省和机械工业部共建

● 教育教学

省级优秀课程

一类优秀课程	机械设计、高等数学、工程材料及机制基础、材料力学、机械制造工艺学、流体力学、电工学、大学物理、机械原理、会计学、叶片泵、风机原理及水力设计、微型计算机原理及应用
二类优秀课程	几何量公差与检测、机械制图、体育、汽车理论、理论力学、民法学、大学物理实验、统计学原理、微型计算机原理与接口技术、金属学、工程热力学

教学改革

☆ 从1995年起，学校针对主修专业成绩优良、学有余力的学生开设辅修专业，学生可获得第二专业证书

☆ 学校实施以学科建设为龙头、专业建设为基础、课程建设为关键、实验室建设为保障的“四位一体”综合教学改革

☆ 1999 年学校以优异成绩通过江苏省教委基础课实验室评估

☆ 机电学院成立

☆ LCCIEB 江苏理工大学注册培训中心成立

开放办学

☆ 学校形成学士—硕士—博士人才培养体系和多形式、多层次的办学模式

☆ 与徐州工程机械集团联合成立江苏理工大学徐工集团工程机械学院

☆ 与阜宁县政府联合成立江苏理工大学苏北经济学院

☆ 与镇江市联合成立江苏理工大学镇江流体动力工程学院、工业工程学院

☆ 与句容县政府联合成立江苏理工大学句容机械工程学院

☆ 与东南大学等高校共同筹建跃进汽车工程研究院

☆ 与成都工业研究所共建机械部工业研究工程中心

跃进汽车工程研究院签字暨成立大会

“江苏理工大学—徐州工程机械集团”工程机械学院成立暨签字仪式

● 教学成果

江苏省教学成果奖一等奖

1996 年	机械制图系列课程内容与体系改革
	对口联合办学
	提高教学质量的改革与实践
2000 年	《邓小平理论概论》教学改革的理论与实践
	机械原理与机械设计课程教学与实践系列改革
	21 世纪大学生素质教育的研究与实践

● 科学研究

学校先后承接国家自然科学基金、“863”高科技项目国家教委博士点专项基金、国家重点实验及对外开放项目等纵向课题 160 余项，10 余项成果获国家级奖励，200 余项成果获部、省级科技进步奖，100 余项成果获国家专利。

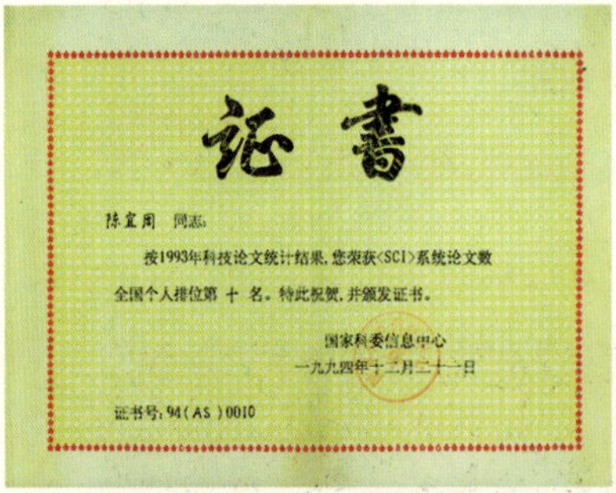
証書

陈宜周　同志：

按1993年科技论文统计结果，您荣获〈SCI〉系统论文数全国个人排位第 十 名。特此祝贺，并颁发证书。

国家科委信息中心

一九九四年十二月二十一日

证书号：94（AS）0010

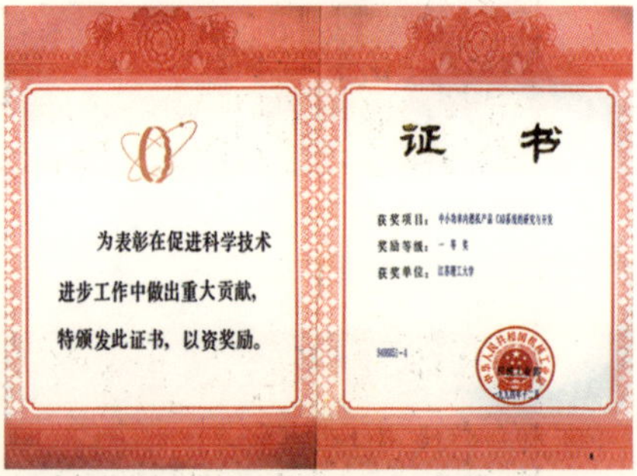
为表彰在促进科学技术进步工作中做出重大贡献，特颁发此证书，以资奖励。

证　书

获奖项目：

奖励等级：一 等 奖

获奖单位：

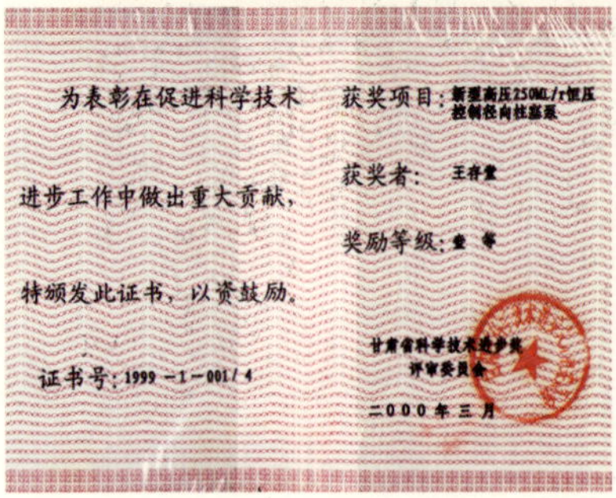
为表彰在促进科学技术进步工作中做出重大贡献，特颁发此证书，以资鼓励。

获奖项目：新型高压250ML/r恒压控制径向柱塞泵

获奖者：王存堂

奖励等级：壹 等

证书号：1999－1－001/4

甘肃省科学技术进步奖评审委员会

二〇〇〇年三月

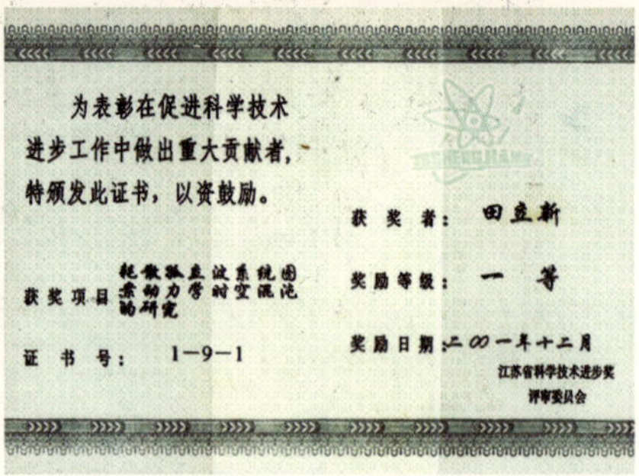
为表彰在促进科学技术进步工作中做出重大贡献者，特颁发此证书，以资鼓励。

获奖者：田立新

获奖项目：耗散孤立波系统因素动力学时空混沌的研究

奖励等级：一　等

证书号：1－9－1

奖励日期：二〇〇一年十二月

江苏省科学技术进步奖评审委员会

国家级发明专利无过载潜水电泵

车载静电喷雾器

● 产业化成果

1994—2000年，校办产业实现销售产值51246万元，实现利税2598万余元。

“搏动流叶轮血泵”获首届国际爱因斯坦新发明、新技术金奖

“水稻化工厂育秧”被确定为国家级成果推广项目

常压流化床水煤气气化炉获江苏省科技进步一等奖

● 国际交往

江苏理工大学广泛开展国际学术交流与合作，先后与美国威斯康星—密尔瓦基大学、日本三重大学、俄罗斯顿河工业大学、泰国清迈大学等签订了长期合作协议，与国外一批高校和科研机构建立了友好联系。

1996 年 12 月蔡兰校长参加国际校长峰会时与主办学校巴西巴拉邦联邦大学校长等人合影

1998 年奥地利客人参观学校内燃机实验室

欢迎奥地利政府代表团暨JUST-SDP合作建立工程中心签字仪式
THE SIGNING CEREMONY OF JUST-SDP COLLABORATION CENTRE

みえ国際フォーラム・シンポジウム'94
－地球環境とエネルギー技術を考える－

95日本友人
中川実西田正一山崎光典
興井満丹羽和昭时村佳代子
奖学金颁奖仪式

INTERNATIONAL WORKSHOP ON FOOD PROCESSING & PACKAGING MACHINERY
国际食品加工与包装机械技术培训班
11-26 OCT. '98 ZHENJIANG CHINA

The 6th Tri-University International
Joint Seminar & Symposium

THE 9TH TRI-UNIVERSITY INTERNATIONAL JOINT
SEMINAR & SYMPOSIUM 2002
OCT. 28–OCT. 31
ZHENJIANG, CHINA
POPULATION
FOOD
ENERGY
ENVIRONMENT

EVENING PARTY

● 农机培训

继1980年开始承办亚太农机网农机设计制造培训班，1983年开始，学校又受联合国工业发展组织委托开始举办中小型农业机械培训班；自1980年至1994年，共举办了4期学校亚太培训班、8期联合国工发组织中小型农机培训班。学员来自菲律宾、泰国、印度、巴基斯坦、缅甸、伊朗、尼泊尔、埃及、索马里、肯尼亚、乌干达、赞比亚、厄瓜多尔等39个国家，计131人。

历期农机培训班开学或结业典礼

1990 年 8 月，联合国亚太地区经济社会委员会亚太农机网在北京、常州召开“亚太地区农业机械化政策和战略”研讨会。学校陈翠英教授在大会上做题为“中国经济发达地区农业机械化模式——江苏省农业机械化概况”的报告

1995 年 7 月，为迎接联合国第四次世界妇女大会的召开，联合国亚太地区经济社会委员会亚太农机网在泰国清迈举办“增加农村妇女就业机会”区域性研讨会。机电部农业装备司鹿中民司长及学校陈翠英教授代表中国参加会议。陈翠英教授在大会上做中国情况报告（China Country Report）

耕作实验

课程讲学

实践培训

现场实习

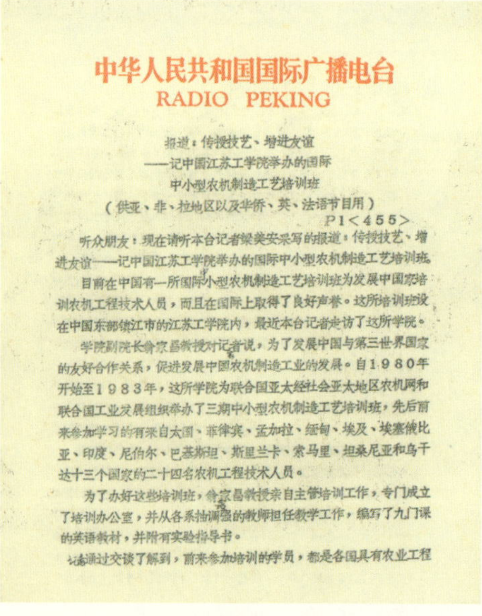

中华人民共和国国际广播电台
RADIO　PEKING

报道：传授技艺、增进友谊
——记中国江苏工学院举办的国际
中小型农机制造工艺培训班
（供亚、非、拉地区以及华侨、英、法语节目用）

P1<455>

听众朋友：现在请听本台记者梁美安采写的报道：传授技艺、增进友谊——记中国江苏工学院举办的国际中小型农机制造工艺培训班。

目前在中国有一所国际小型农机制造工艺培训班为发展中国家培训农机工程技术人员，而且在国际上取得了良好声誉。这所培训班设在中国东部镇江市的江苏工学院内，最近本台记者走访了这所学院。

学院副院长翁家昌教授对记者说，为了发展中国与第三世界国家的友好合作关系，促进发展中国农机制造工业的发展。自１９８０年开始至１９８３年，这所学院为联合国亚太经社会亚太地区农机网和联合国工业发展组织举办了三期中小型农机制造工艺培训班，先后前来参加学习的有来自太国、菲律宾、孟加拉、缅甸、埃及、埃塞俄比亚、印度、尼伯尔、巴基斯坦、斯里兰卡、索马里、坦桑尼亚和乌干达十三个国家的二十四名农机工程技术人员。

为了办好这些培训班，翁家昌教授亲自主管培训工作，专门成立了培训办公室，并从各系抽调强的教师担任教学工作，编写了九门课的英语教材，并附有实验指导书。

记者通过交谈了解到，前来参加培训的学员，都是各国具有农业工程

1984年中华人民共和国国际广播电台报道培训班情况

1980 年第一期培训班借用为援助坦桑尼亚准备的教材。之后，学校开始编写专用教材，至 1991 年共编写了 13 本教材、7 本设计指导书和参考资料、7 本实验和工厂实习指导书。

农机培训班部分专用教材

校容校貌

JIANGSU UNIVERSITY
OF SCIENCE AND TECHNOLOGY
江蘇理工大學

第二章

北固山下术精岐黄

苏医一脉传承　后出转精

以医为范　拓展创新

● 镇江医学院（1957—2001）

1957 年 8 月江苏医学院与江苏省南京医士学校校址对调，分别更名为南京医学院和江苏省镇江医士学校。江苏省镇江医士学校校名几经变迁，后于 1984 年定名为镇江医学院。

镇江医学院校门

镇江医学院时期的学校建筑

重要来访

1990年3月时任国家教委副主任朱开轩来校视察

时任江苏省教育厅厅长王荣来校视察

● 教育教学

学校以教学为本，注重教学质量，为国家培养了大批医学专业人才。1980年，学校开办医学检验大专，成为新中国成立后的第一所开办此专业的高校，也是全国首批开办医学检验本科专业的5所院校之一。

全国高等医学检验专业第四届（校际）会议在学校召开

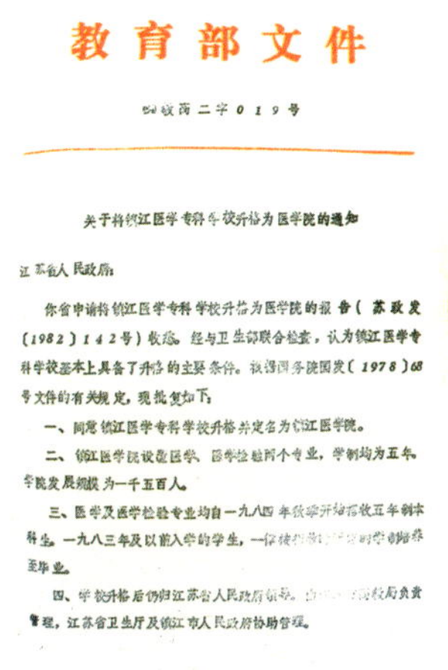

教育部文件

[illegible]教高二字019号

关于将镇江医学专科学校升格为医学院的通知

江苏省人民政府：

你省申请将镇江医学专科学校升格为医学院的报告（苏政发〔1982〕142号）收悉。经与卫生部联合检查，认为镇江医学专科学校基本上具备了升格的主要条件。根据国务院国发〔1978〕68号文件的有关规定，现批复如下：

一、同意镇江医学专科学校升格并定名为镇江医学院。

二、镇江医学院设置医学、医学检验两个专业，学制均为五年。学院发展规模为一千五百人。

三、医学及医学检验专业均自一九八四年秋季开始招收五年制本科生。一九八三年及以前入学的学生，一律按[illegible]学制培养至毕业。

四、学校升格后仍归江苏省人民政府领导。[illegible]负责管理，江苏省卫生厅及镇江市人民政府协助管理。

1982年全国高等医学专科教育座谈会在镇江举行，决定了全国医专升格为医学院的六项标准

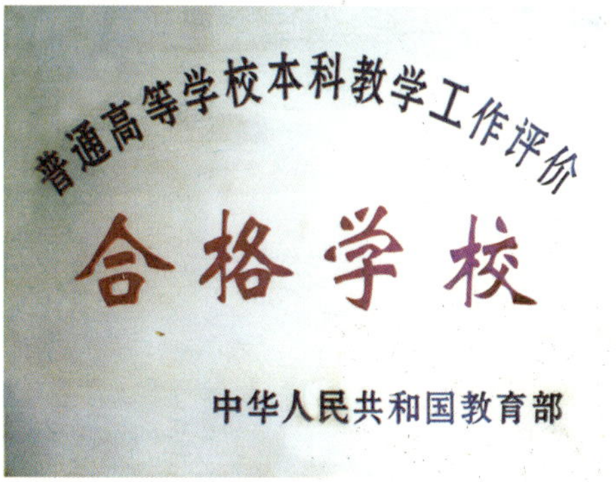

1997年2月镇江医学院被评为“普通高等学校本科教育工作合格评价合格学校”

● 师资队伍

学校采取各种措施加强师资队伍建设，建立了一支符合学校发展需要的师资队伍。

镇江医学院首届教职工代表大会

刘恭植教授指导课题组研究

1982 年学校 6 名教师赴广西百色地区卫校支援教学与医疗工作

学校编写出版各类教材、专著 300 余种，讲义 60 余种，教学大纲 21 种。

1985 年《核检验学》教材编者会议成员

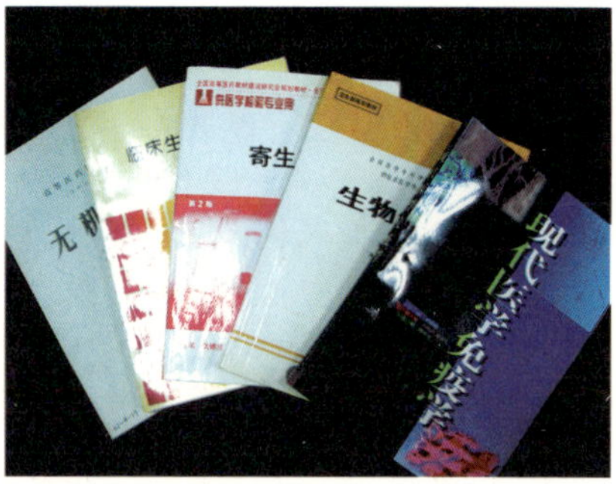

学校所编写的各类教材

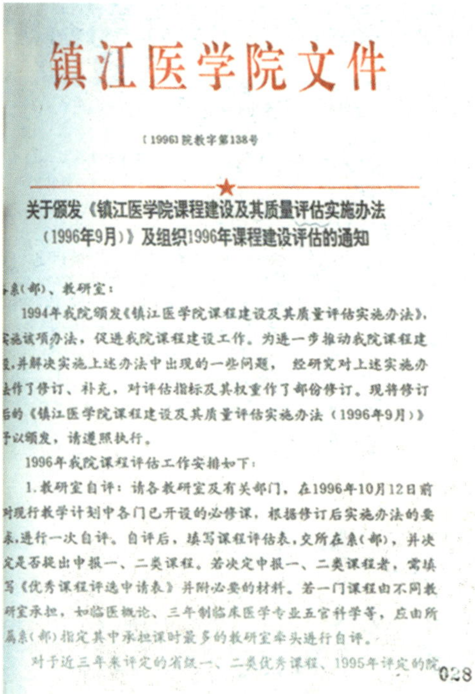

镇江医学院文件

〔1996〕院教字第138号

关于颁发《镇江医学院课程建设及其质量评估实施办法（1996年9月）》及组织1996年课程建设评估的通知

各系（部）、教研室：

1994年我院颁发《镇江医学院课程建设及其质量评估实施办法》，实施该项办法，促进我院课程建设工作。为进一步推动我院课程建设，并解决实施上述办法中出现的一些问题，经研究对上述实施办法作了修订、补充，对评估指标及其权重作了部份修订。现将修订后的《镇江医学院课程建设及其质量评估实施办法（1996年9月）》予以颁发，请遵照执行。

1996年我院课程评估工作安排如下：

1.教研室自评：请各教研室及有关部门，在1996年10月12日前对现行教学计划中各门已开设的必修课，根据修订后实施办法的要求，进行一次自评。自评后，填写课程评估表，交所在系（部），并决定是否提出申报一、二类课程。若决定申报一、二类课程者，需填写《优秀课程评选申请表》并附必要的材料。若一门课程由不同教研室承担，如临医概论、三年制临床医学专业五官科学等，应由所属系（部）指定其中承担课时最多的教研室牵头进行自评。

对于近三年来评定的省级一、二类优秀课程、1995年评定的院

028

镇江医学院关于课程建设与质量评估办法的文件

据不完全统计，1957 年至 2001 年，学校共培养各种专业层次的医务人员 15140 人，其中中专毕业生 2472 人、大专毕业生 5085 人、本科毕业生 2501 人，培训在职医务人员和卫生管理干部 5087 人。

江苏军区后勤部驻镇江医专军医训练班师生合影

军医训练班师生合影

江苏省卫生干部进修学校全省县以上医院放射科主任训练班合影

镇江医学院检验 83 届（四）班毕业合影

南京医学院镇江分院 76 届医疗专科班毕业合影

镇江医学专科学校 77 届（二）班学员毕业合影

● 学科研究

省级以上科研成果一览

发现江苏省内肺吸虫新虫种——江苏并殖吸虫
癌胚抗原的分离与纯化
血清血管紧张素Ⅰ转换酶的正常值调查
全耳蜗铺片术的建立与推广应用
实验性氟中毒非骨性组织病理生化及病理生理学研究
计算机模拟结构定量预测化合物致突性和致癌性
脑卒中的防治研究
淋巴树突状细胞的实验与研究
大鼠 DC McAb 的研究
颈椎病足部反射区牵引法初探
鼠树状突细胞单克隆抗体抗移植排斥反应的研究
姜片虫病免疫诊断技术的研究
弥漫性肺疾病的临床与实验研究
树突状细胞与免疫相关性疾病关系的研究
支气管肺泡灌液分析诊断间质性肺病活动性
道德的实现：先进性与广泛性的结合
学习障碍筛选测试量表 PRS 的标准化研究
糖类抗原 CA50、CA19-9、CA125 联合检测恶性肿瘤
包虫病的间接血液试验

研究机构

临床前药理研究中心（1996 年）

医学教育研究室（1986 年）

科学研究中心（2000 年）

《镇江医学院学报》创刊于 1991 年，3 次被评为“全国高校自然科学学报优秀学报”。《医学检验进修杂志》创刊于 1994 年。

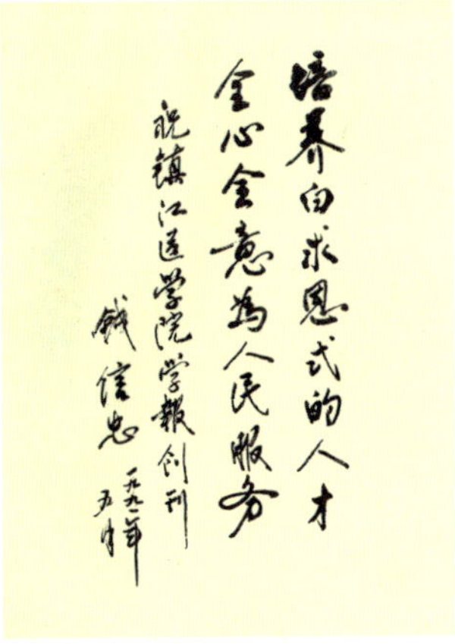

时任卫生部部长钱信忠题词

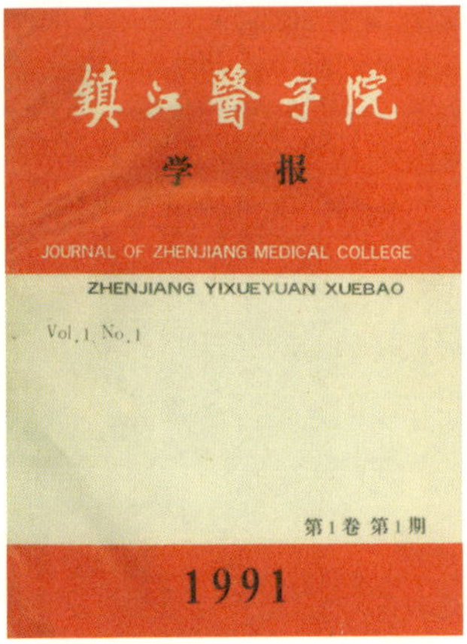

《镇江医学院学报》

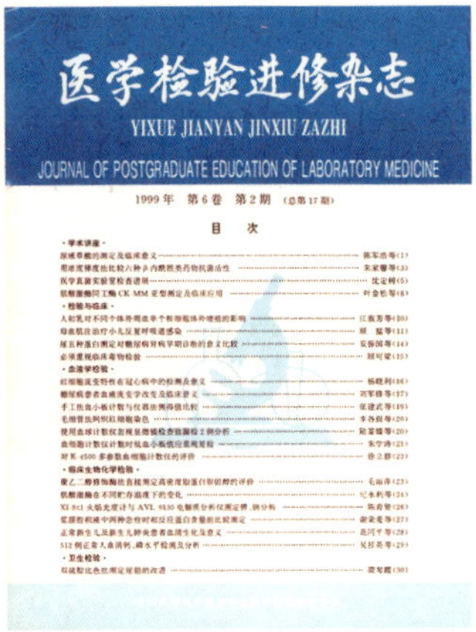

《医学检验进修杂志》

镇江医学院首届科技工作大会

对外交流

学校注重对外交流，邀请国内外著名专家学者来访并组团出访国外名校。

院长李栋生一行参观日本津市远山医院

党委书记季广松一行参观日本三重大学

顾可梁教授与外国专家交流经验

江苏中日医学交流中心开业庆典

泰国诗纳卡牵大学访华团访问学校

徐登国医生在日本为病人现场诊治疾病

1984 年学校教师参加赴非洲坦桑尼亚桑给巴尔医疗队

校园文化

学校校园文化建设卓有成效，活动丰富多彩、富有特色。

校风建设阶段总结表彰

校企共建大学生思想政治教育基地

组织学生开展“送医下乡”活动

1994 年成立的“骆焱志愿者”小分队被评为镇江市优秀青年志愿者服务队

纪念“一二 · 九”爱我中华大合唱比赛

积极开展社会服务活动

校园风貌

附属医院　“严精熏新”

1936年江苏省省立医政学院附属医院筹建，地址在镇江医政路口。1937年，抗日战争全面爆发，医院随学院西迁，当迁至湖南沅陵时，学院奉命与南通学院医科合并改组为国立江苏医学院，辗转贵阳等地后，抵达重庆北碚。

1939年8月，国立江苏医学院附属医院在北碚重建，11月20日开诊。医院设内科、外科、妇产科、儿科、精神病科、矫形外科、泌尿器科、眼科、耳鼻咽喉科、齿科、理疗科和检验、药局等科室；卫生技术人员逐步增至40人，病床增至100张，日均门诊200人次左右。

1946年12月，附属医院在原镇江医政学院院址复诊。

1947年6月23日，附属医院改名为“国立江苏医学院附设医院”。

1957年10月9日，江苏医学院移址南京，属医院由镇江市接管，命名为“镇江市人民江滨医院”。

1959年3月，经镇江市人民委员会决定，医院改名为“镇江医学专科学校附属医院”。

1985年8月，经镇江市人民政府批复，医院改名为“镇江医学院附属医院”，又名“镇江市江滨医院”。

2003年2月，医院体制变更，整建制划归江苏大学，更名为“江苏大学附属医院”。

江苏医学院附院时期门诊一角

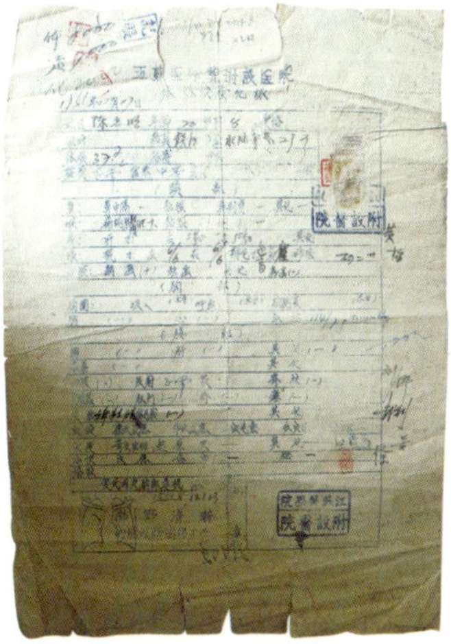

省立医政学院时期的公函

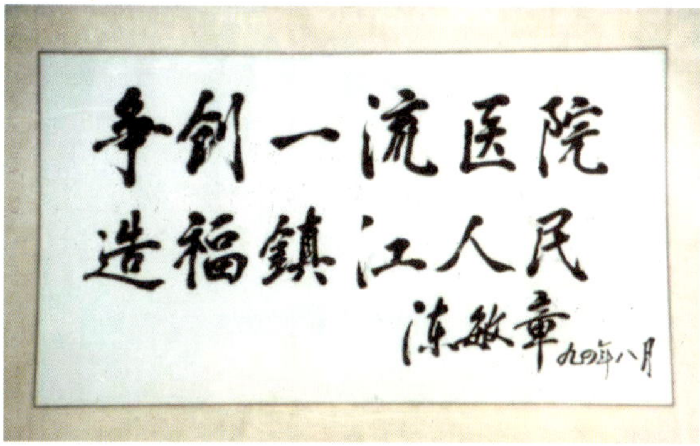

1994 年 8 月时任卫生部部长陈敏章为医院题词

1986 年 11 月 8 日医院 6800 平方米的门诊楼落成

2003 年 2 月校地共建医院签约仪式举行

镇江医学院附属医院建院 60 周年暨三甲医院揭牌庆典

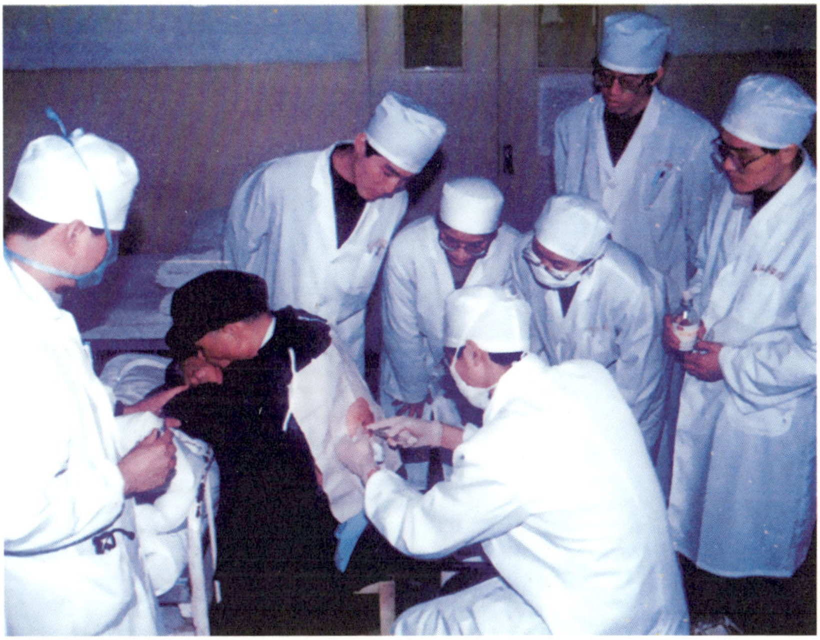

医学院学生在附属医院临床实习

镇江医学院实习医院代表座谈会

第三章

梦溪园边传继师道

中学师资摇篮　青蓝相继

文理并重　协调发展

镇江师范专科学校校门

教学大楼

学校农场

学校新校门

新教学大楼

图书馆

《镇江师专校园记》石碑（杨积庆撰文、宋潜深书丹）

田径场一瞥

● 历任主要领导

虞荣和

倪大成

钱前

张开明

吴树兴

陈国祥

江静

缪铨生

● 重要来访

时任国家教委副主任朱开轩视察学校

时任国家教委副主任邹时炎视察学校并题词“师德高尚，教艺精湛”

师资队伍

奖励与荣誉

荣誉	教师
全国优秀教师	张有德、贾德霖
全国文教群英会先进个人	陈中行
为中国第一颗原子弹爆炸成功做出贡献	缪铨生
全国师范院校“曾宪梓优秀教师”	郭孝义、杨积庆、吴顺唐、贾德霖、张有德、严仲强、陈宏遂、笪远毅、窦敖川、贺建国
江苏省科技大会先进工作者	刘昌年
江苏省优秀教育工作者	刘昌年、钱瑶之、陈中行、曹可和、吴顺唐、杨积庆、祝诚、尹邦彦、赵跃生、俞运鹏、陈林
江苏省普通高校优秀学科带头人	杨积庆、俞运鹏、吴顺唐
江苏省普通高校“红杉树”园丁奖	陈恕华、俞运鹏
江苏省“三育人”先进个人	曹国荣
江苏省“333 跨世纪学术、技术带头人培养工程”第三层次培养人选	周志平
江苏省高校“青蓝工程”跨世纪学科带头人培养人选	周志平、倪良
江苏省师德模范	赵跃生

● 重要事件

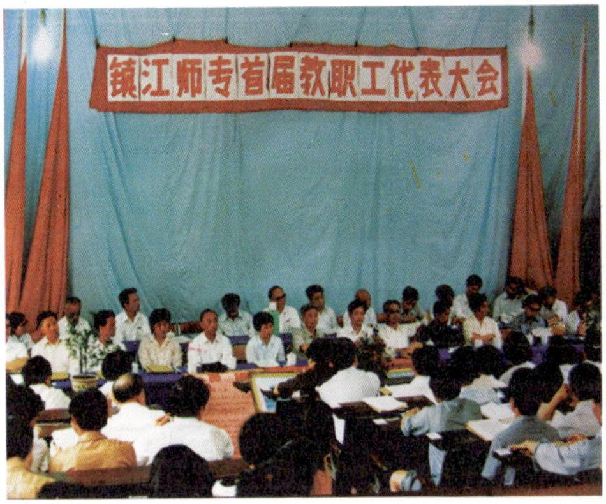

1986 年学校首届教职工代表大会

1988 年学校第一次党员大会

1988 年建校 30 周年、复校 10 周年庆祝大会

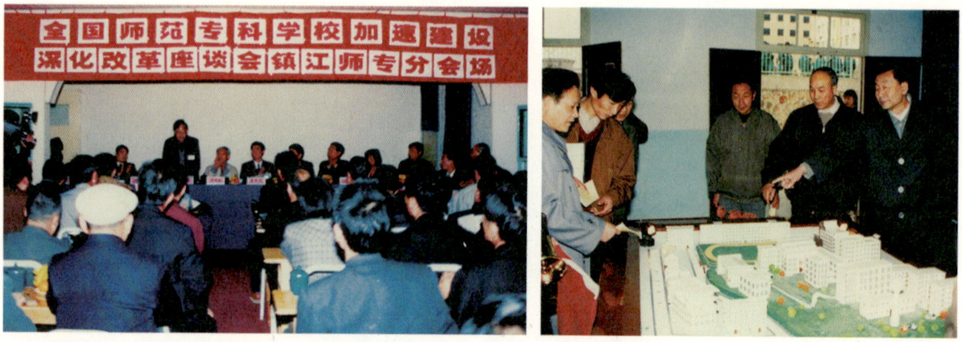

全国师范专科学校加速建设深化改革座谈会在镇江师范专科学校召开，会议评价师专“改革有设想，建设有水平”。原国家教委师范教育司认为“镇江师专的改革与建设水平居于全国师专的前列”

1993 年学校承担国家哲学社会科学重点课题“师范教育改革与师资队伍建设”子课题研究工作

● 教育教学

1993 年，学校会同全国有地区代表性的 8 所专科学校，联合研究制订《高等师范专科教育一、三年制教学方案》，1995 年印发全国试行。

师范生教师职业技能训练成果展

社会实践基地签字仪式

中国近代史研究小组活动

文学创作社成立

为拓展学生的知识视野，学校先后邀请了近百位国内外知名学者、专家来校讲学。

中科院学部委员、数学家吴文俊来校讲学

《美术》《世界美术》主编、中央美院邵大箴教授来校讲学

中科院院士、北京大学化学系张滂教授来校讲学

著名历史学家茅家琦教授来校讲学

国际交流

缪铨生出访加拿大圣克莱尔学院

1992 年吴顺唐在美国奥斯汀参加国际逼近论会议

1986 年美国英语语言教学专家詹姆斯・W. 鲍尔斯教授（学校客座教授）来校并授课

1985 年澳大利亚专家鲁希教授来校并为外语系学生授课

泰国伊桑联合学院院长访校

日本学者原正雄、木下一大来校进修

教学科研　齐头并进

● 教材、课程建设

学校重视教材建设，积极承担全国师专教学大纲、教材编写工作，1978 年至 2001 年，共编写出版教材 120 余部。学校在深化教学改革的同时，优化课程结构，5 门课程为江苏省普通高校优秀课程。

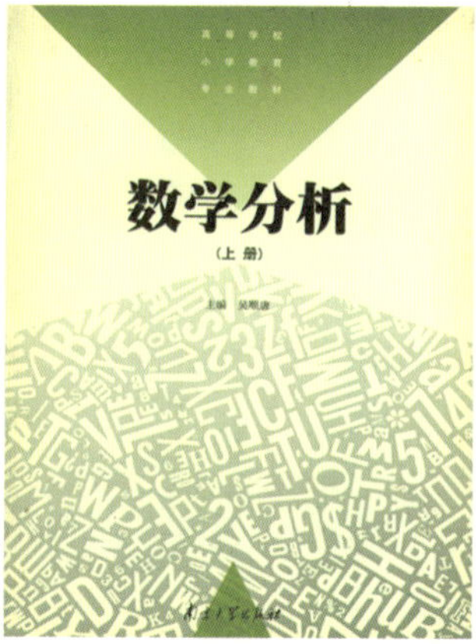

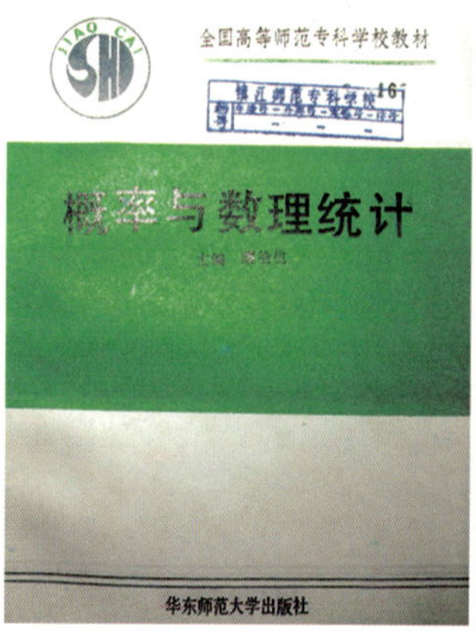

江苏省普通高校优秀课程

光学
世界近代史
物理化学
中学物理教学法
思想品德

课程建设展评

教学科研

国家级、省级优秀教学成果、优秀教学质量奖

国家级教学成果		
负责人	项目名称	获奖名称
郭孝义	中国近代史第二课堂教学	全国普通高等学校优秀教学成果奖
祝诚（合作）	师专教学改革的研究与实践	全国普通高等学校优秀教学成果二等奖
获国家级、省级优秀教学成果	古汉语课题教学与研究	
	光学课程建设	
	镇江师专教育实习的改革与实践	
	物理化学课程建设与教改	
	成人高等专科教育人才培养规格的理论探讨与实践	
	《现代汉语》的现代化教改	
	师范专科学校公共体育教学改革的研究与实践	

重要著作

《实用创造学》	周道生	《理学中的数学方法》	吴顺唐
《数学思想方法》	殷启正	《有限差分方程概论》	吴顺唐
《槛外诗词》	钱璱之	《地理谣谚谭》	王骧
《钱名山研究资料集》	钱璱之	《吴嘉纪诗笺校》	杨积庆
《魏源诗文选》	杨积庆	《中国新格律诗论》	周仲器
《丰子恺漫画品读》	苏学文	《中国新格律诗史论》	周仲器

地方文史研究成果和贡献

杨积庆	《京口诗话》《焦山志》《至顺镇江志》（校点）
郭孝义	《三十年代镇扬地区的英美石油公司》《江苏航运史》《辛亥江苏光复》
王骧	《梦溪笔谈注》《镇江史话》《江苏岁时风俗谈》
蒋文野	《〈马氏文通〉论集》《马建忠编年事辑》
笪远毅	《南山赋》

下篇

看今朝

◎发展篇◎

第一章

三校融合　江苏大学成立

2001年8月，经教育部批准，江苏理工大学、镇江医学院、镇江师范专科学校合并组建以工科为特色的教学研究型综合性大学。

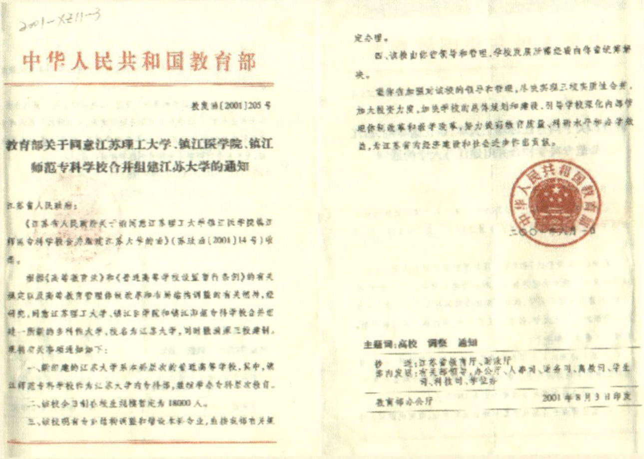

2001-XZ11-3

中华人民共和国教育部

教发函〔2001〕205号

教育部关于同意江苏理工大学、镇江医学院、镇江师范专科学校合并组建江苏大学的通知

江苏省人民政府：

《江苏省人民政府关于请同意江苏理工大学镇江医学院镇江师范专科学校合并组建江苏大学的函》（苏政函〔2001〕14号）收悉。

根据《高等教育法》和《普通高等学校设置暂行条例》的有关规定以及高等教育管理体制改革和布局结构调整的有关精神，经研究，同意江苏理工大学、镇江医学院和镇江师范专科学校合并组建一所新的多科性大学，校名为江苏大学，同时撤销原三校建制。现将有关事项通知如下：

一、新组建的江苏大学系本科层次的普通高等学校。其中，镇江师范专科学校作为江苏大学的专科部，继续举办专科层次教育。

二、该校全日制在校生规模暂定为18000人。

三、该校的专业结构调整和增设本科专业，由按我部有关规定办理。

四、该校由你省领导和管理，学校发展所需经费由你省统筹解决。

请你省加强对该校的领导和管理，尽快实现三校实质性合并，加大投资力度，加快学校的总体规划和建设，引导学校深化内部管理体制改革和教学改革，努力提高教育质量、科研水平和办学效益，为江苏省的经济建设和社会进步作出贡献。

中华人民共和国教育部

主题词：高校　调整　通知

抄　送：江苏省教育厅、财政厅

部内发送：有关部领导，办公厅、人事司、计财司、高教司、学生司、科技司、学位办

教育部办公厅　　2001年8月3日印发

2001年教育部关于江苏理工大学、镇江医学院、镇江师范专科学校合并组建江苏大学的通知

江苏大学成立大会

● 历任领导

历任党委书记

朱正伦
2001.08—2008.06

范明
2008.06—2016.06

袁寿其
2016.06 至今

历任校长

杨继昌
2001.08—2006.12

袁寿其
2006.12—2017.01

颜晓红
2017.01 至今

职务	姓名	任职时间
党委副书记	曹友清	2001.08—2012.07
	唐永泽	2001.08—2003.12
	陈国祥	2001.08—2007.09
	姚冠新	2008.06—2012.07
	易中懿	2012.07—2014.04
	许化溪	2012.07—2016.06
	袁寿其	2014.04—2016.06
	颜晓红	2017.01 至今
	李洪波	2018.09 至今

职务	姓名	任职时间
副校长	曹友清	2001.08—2008.06
	范　明	2001.08—2002.01
	宋京章	2001.08—2008.06
	赵杰文	2001.08—2005.08
	许化溪	2001.08—2012.07
	宋余庆	2001.08—2018.09
	袁寿其	2001.08—2006.12
	袁银男	2001.08—2008.06
	孙玉坤	2003.12—2010.05
	李萍萍	2006.12—2011.03
	程晓农	2006.12—2018.05
	姚冠新	2008.06—2012.07
	田立新	2008.06—2012.07 2021.07 至今
	陈　龙	2008.06—2018.09
	冯振卿	2010.10—2012.03
	施卫东	2011.09—2017.08
	易中懿	2012.07—2014.04
	丁建宁	2018.09 至今
	吴春笃	2018.09 至今
	梅　强	2012.06—2021.06
	张济建	2012.06 至今
	缪子梅	2012.06—2018.09
	李洪波	2014.04—2018.09
	全　力	2018.02 至今
	赵玉涛	2018.09 至今
	陈　红	2018.09 至今
纪委书记	柴顺根	2001.08—2008.06
	曹友清	2008.06—2012.07
	许化溪	2012.07—2016.06
	高庆国	2016.09 至今

第二章

立德树人　坚持思想引领

学校切实落实质量建党要求，推进党建与业务深度融合，以高质量党建引领事业发展。

学校高度重视思想政治工作，大力实施思想政治素质提升工程、师德师风铸魂工程、以文育人工程、课堂教学引领工程、哲学社会科学繁荣工程、阵地建设巩固工程、党建工作创新工程、队伍建设保障工程等“八大工程”，以立德树人为根本，以理想信念为核心，以培育和践行社会主义核心价值观为主线，以建立全员、全过程、全方位育人体制机制为关键，积极引导学生成人成才、教师成名成家。

● 围绕中心　深入推进

中国共产党江苏大学第四次代表大会开幕式

毕业班学生党员重温入党誓词活动暨毕业前思政最后一课

江苏大学新一届处级领导干部培训班

江苏大学处级领导干部主题教育培训班

党建荣誉

☆ 全国创先争优先进基层党组织

☆ 教育部第二批全国党建工作样板支部培育创建单位

☆ 入选教育部第二批高校“双带头人”教师党支部书记工作室建设名单

☆ 江苏省学习型领导班子

☆ 江苏省学习型党委

☆ 江苏省省党建工作创新奖

☆ 普通高等学校辅导员网络培训工作优秀组织单位

☆ 教育部第二批“三全育人”综合改革试点单位

☆ 全国大学生心理健康教育工作先进集体

学校开设知农爱农主题网站和空中课堂，加强耕读教育，打造农机特色“三全育人”体系

思想政治工作会议

● 育人为本　桃李成荫

学校贯彻“以生为本”工作理念，完善全员、全过程、全方位的一体化育人体系，树立一流工作品牌，营造一流育人氛围，大力培养具有家国情怀、人文素养、创新精神、实践能力、国际视野的高素质人才和德智体美劳全面发展的社会主义建设者和接班人。

纪念五四运动 100 周年活动

2020 年毕业典礼

荣誉证书

共青团江苏大学委员会

在“丝路新世界，青春中国梦”2016 全国大学生“一带一路”暑期社会专项行动中表现优异，荣获优秀高校组织奖。

特颁此证，以资鼓励！

共青团中央学校部

中国大学生“一带一路”协同发展行动中心

2016 年 11 月

全国大学生“一带一路”暑期社会专项行动优秀高校组织奖（2016 年）

荣誉证书

江苏大学：

贵校予爱协会在中国扶贫基金会组织的2019善行100·温暖行动中，表现优异，累计出动3862人次，志愿服务18231小时，筹集善款364200元，在全国141所学校中排名第四。

特发此证，以资鼓励。

中国扶贫基金会 理事长：郑文凯

中国扶贫基金会

二零一九年十二月

善行 100·温暖行动全国排名第四（2019 年）

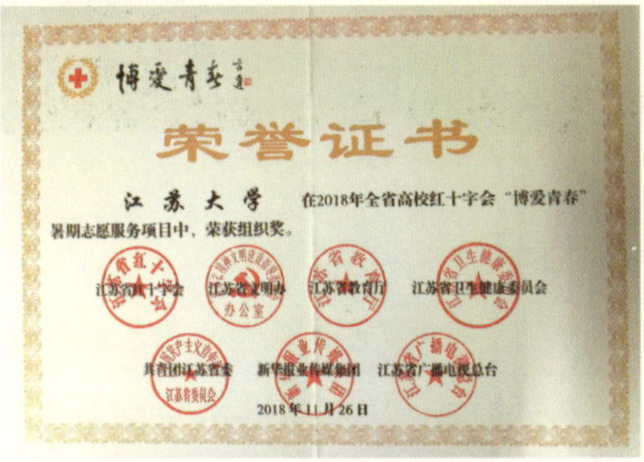
博爱青春

荣誉证书

江苏大学 在2018年全省高校红十字会“博爱青春”暑期志愿服务项目中，荣获组织奖。

江苏省红十字会　江苏省文明办　江苏省教育厅　江苏省卫生健康委员会

共青团江苏省委　新华报业传媒集团　江苏省广播电视总台

2018年11月26日

江苏省高校红十字会“博爱青春”暑期志愿服务项目组织奖（2018 年）

荣誉证书

授予：江苏大学

2015年“镜头中的三下乡”

优秀组织奖

2016年3月

“镜头中的三下乡”优秀组织奖（2015 年）

暑期社会实践出征仪式

● 青马工程　菁英学院

“青马工程”培训班始于1996年创办的“21世纪人才学院”“21世纪人才学院菁英班”，2007年更名为“菁英学校”，2017年更名为“大学生骨干培训班”（简称“大骨班”）。20多年来培养学员3000余名，很多学员已成长为全国各行业的佼佼者，成为学校的杰出校友。

江苏大学菁英学院以培养理想信念坚定、创新创业精神突出、专业知识扎实、领导能力卓越、国际视野宽广的高素质人才和杰出校友为目标，每届招收学员150名，培养期为2年。

江苏大学第一期大骨班结业典礼暨第二期开班典礼

2008级菁英学员返校活动

大骨班学员赴江苏句容开展实践锻炼活动

校党委书记、菁英学院院长袁寿其及菁英学院院务委员会成员出席菁英学院首届学员结业典礼

第三章

承前启后　培育时代英才

● 质量立校　争创一流

学校始终把教学工作作为中心，把人才培养作为根本。自2001年江苏大学组建以来，学校坚持推进教育创新，不断提高办学水平和人才培养质量。

国家特色专业

机械设计制造及其自动化	金属材料工程	车辆工程	医学检验	电气工程及其自动化

国家级一流本科专业建设点

数学与应用数学	交通运输
机械设计及其自动化	新能源科学与工程
车辆工程	复合材料与工程
测控技术与仪器	自动化
金属材料工程	食品质量与安全
能源与动力工程	信息安全
电气工程及其自动化	物理学
计算机科学与技术	土木工程
农业电气化	化学工程与工艺
环境工程	工商管理
食品科学与工程	国际经济与贸易
医学检验技术	思想政治教育
公共事业管理	法学
机械电子工程	产品设计
农业机械化及其自动化	临床医学

国家级教学成果奖

成果名称	奖励级别	项目主要完成人	时间
高等工程教育开放型工程训练体系的研究与实践	二等奖	杨继昌、蔡兰、王贵成、卢章平、李萍萍	2005 年
地方高校电气类专业主要技术基础课程改革与实践	二等奖	孙玉坤、赵不贿、陈晓平、赵德安、成立等	2009 年
构建复合载体 强化工程能力 培养创新型工学研究生	二等奖	李萍萍、施卫东、毛罕平、姚冠新、解幸幸等	2009 年
以“4C 能力”为核心的流体机械创新人才培养体系的创建与实践	二等奖	袁寿其、杨敏官、陈汇龙、王谦、何秀华等	2009 年
“塔式”立体化中小企业创业人才培养模式研究与实践	二等奖	梅强、毛翠云、郭龙建、李洪波、陈文娟等	2014 年
“卓越引领，产教协同，本研互融”的能源动力类卓越工程人才培养与实践	二等奖	王谦、袁寿其、施卫东、李伟、康灿、王军锋、刘栋、吉恒松	2018 年
深度产教研融合的材料类“工程素质链”人才培养模式创新与实践	二等奖	程晓农、杨娟、袁志钟、邵红红、赵玉涛、刘强、严学华、雷玉成	2018 年
推进基础课与实践教学协同创新，致力知识向能力有效转化	一等奖	刘会霞（江苏大学参与）	2018 年

国家级实验、实践教学平台

中心名称	类型	获批时间
工程训练中心（工业中心）	国家级实验教学示范中心	2007 年
江苏大学—南京汽车集团有限公司工程实践教育中心	国家级大学生校外实践教学基地	2013 年
能源与动力工程实验教学中心	国家级实验教学示范中心	2016 年
车辆工程虚拟仿真实验教学中心	国家级虚拟仿真实验教学示范中心	2016 年

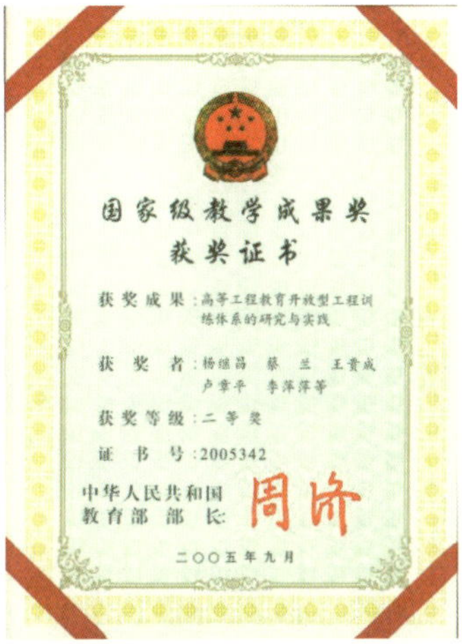

杨继昌教授等完成的“高等工程教育开放型工程训练体系的研究与实践”获 2005 年国家级教学成果二等奖

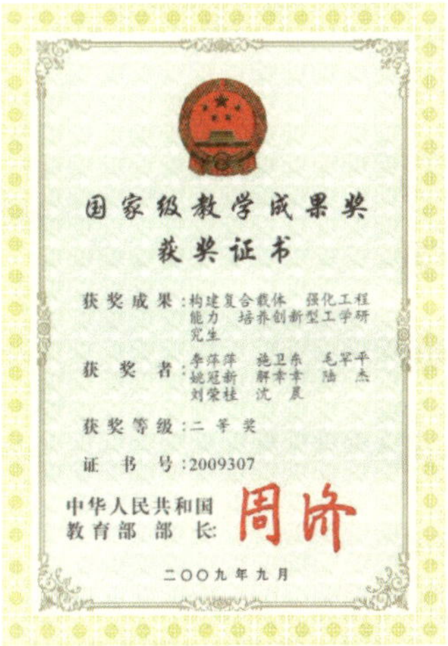

李萍萍教授等完成的“构建复合载体 强化工程能力 培养创新型工学研究生”获 2009 年国家级教学成果二等奖

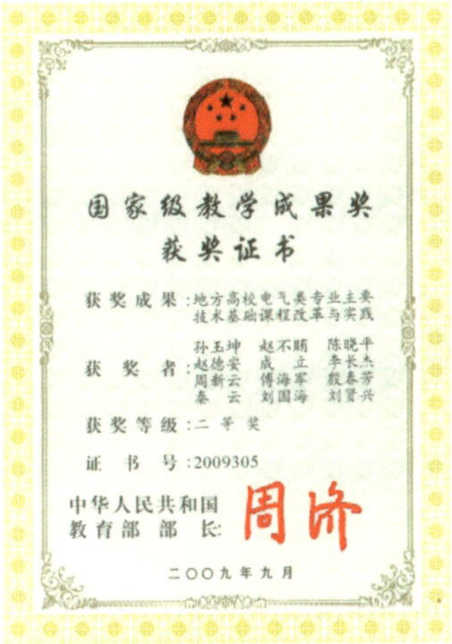

孙玉坤教授等完成的“地方高校电气类专业主要技术基础课程改革与实践”获 2009 年国家级教学成果二等奖

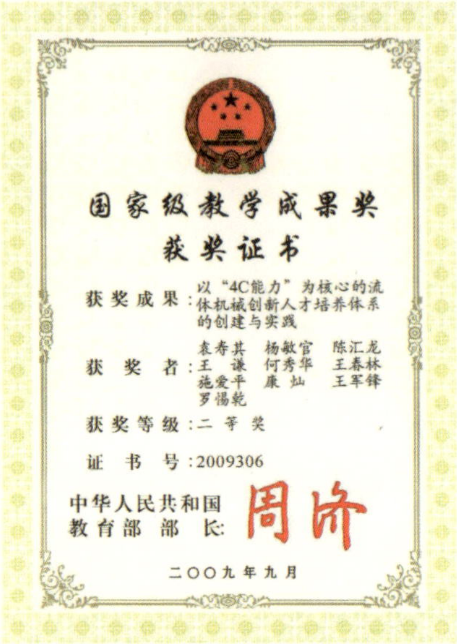

国家级教学成果奖

获奖证书

获奖成果：以“4C能力”为核心的流体机械创新人才培养体系的创建与实践

获 奖 者：袁寿其　杨敏官　陈汇龙　王　谦　何秀华　王春林　施爱平　康　灿　王军锋　罗惕乾

获奖等级：二 等 奖

证 书 号：2009306

中华人民共和国教育部部长：周济

二〇〇九年九月

袁寿其研究员等完成的“以‘4C能力’为核心的流体机械创新人才培养体系的创建与实践”获2009年国家级教学成果二等奖

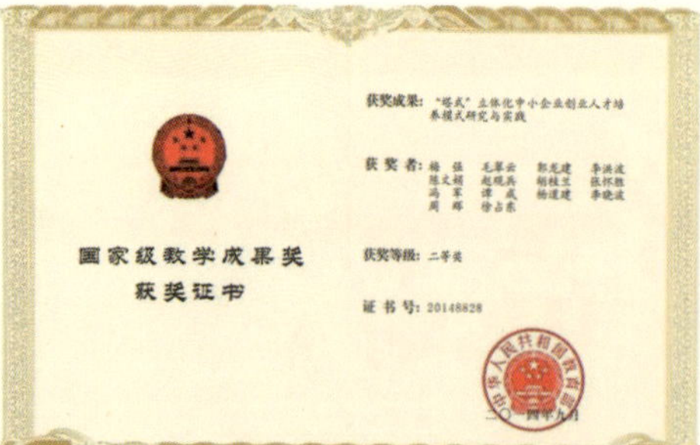

国家级教学成果奖

获奖证书

获奖成果：“塔式”立体化中小企业创业人才培养模式研究与实践

获奖等级：二等奖

证书号：20148828

梅强教授等完成的“‘塔式’立体化中小企业创业人才培养模式研究与实践”获2014年国家级教学成果二等奖

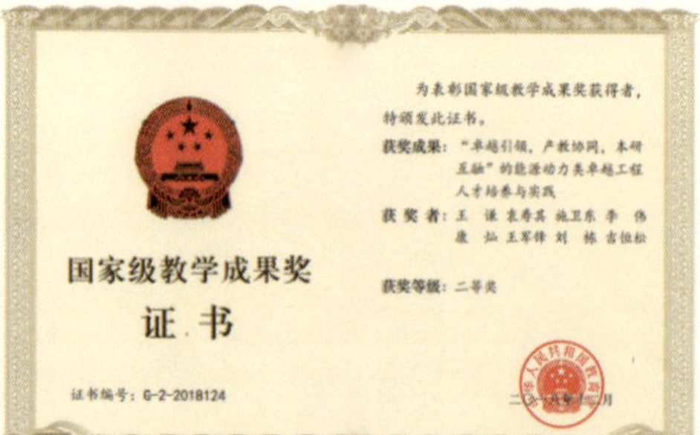

为表彰国家级教学成果奖获得者，特颁发此证书。

获奖成果：“卓越引领，产教协同，本研互融”的能源动力类卓越工程人才培养与实践

获奖等级：二等奖

国家级教学成果奖

证书

证书编号：G-2-2018124

王谦教授等完成的“‘卓越引领，产教协同，本研互融’的能源动力类卓越工程人才培养与实践”获2018年国家级教学成果二等奖

卓越英才　创新人才

学校是2010年全国首批61所卓越工程师教育培养计划试点高校，机械设计制造及其自动化、车辆工程、能源与动力工程、电气工程及其自动化4个国家级试点专业每年选拔优秀新生组建“卓越班”，实施“卓越工程师教育培养计划”。2017年，学校结合国家“新工科”建设理念，启动实施“新卓越工程师计划”，培养能够适应和引领新一轮科技革命和产业变革的人才

校党委书记袁寿其为“卓越班”新生做专题讲座

江苏大学—上海凯泉泵业集团卓越工程师联合培养实践基地揭牌仪式

● 学术交流　人才培养

2016 年 12 月 10 日，江苏大学“一带一路”国际人才培养产学联盟成立。理事会审议并通过《江苏大学“一带一路”国际人才培养产学联盟章程》《江苏大学“一带一路”国际人才培养产学联盟发展基金管理办法》等文件

2017 年 6 月全国植保工程暨静电喷雾施药技术发展论坛在校召开

2017 年 6 月非线性分析与反应扩散方程国际研讨会在校召开

2019 年 4 月 22 日科技部流体工程装备节能技术国际联合研究中心建设推进会暨第四届国际流体机械论坛在校举行

2019 年 8 月 12 日食品营养与安全智能快速检测国际研讨会在校举办

2019 年 8 月第八届国际能源利用研讨会在校召开

2019 年 11 月 14 日江苏大学第九届中外研究生学术论坛开幕

2019 年 12 月第五届全国节水灌溉装备与技术战略研讨会在校召开

2020 年 1 月 22 日校长颜晓红参加第四届“一带一路”达沃斯论坛

2020 年 10 月 24 日智能农业与技术创新全国博士后学术论坛在校举办

● “挑战杯”“创青春”

年份	活动名称	获奖情况
2015 年	第十四届“挑战杯”全国大学生课外学术科技作品竞赛	江苏大学以总分 360 分、排名第九（并列第四）喜捧国赛“优胜杯”，获优秀组织奖，获一等奖 4 项、二等奖 2 项
2016 年	2016 年“创青春”全国大学生创业大赛	连续四届获得双金奖
2017 年	第十五届“挑战杯”全国大学生课外学术科技作品竞赛	江苏大学以总分 390 分，排名全国高校第 7，喜捧国赛“优胜杯”，获一等奖 5 项，二等奖 1 项
2018 年	2018 年“创青春”全国大学生创业大赛	获国赛银奖 2 项
2019 年	第十六届“挑战杯”全国大学生课外学术科技作品竞赛	江苏大学以总分 460 分、排名第九喜捧国赛“优胜杯”，实现连续 7 届（共 8 次）捧杯，获特等奖 1 项、一等 奖 2 项、二等奖 3 项
2020 年	第十二届“挑战杯”中国大学生创业计划竞赛	3 件作品获银奖、江苏大学获优秀组织奖

2016 年全国创青春决赛合影

2018 年“创青春”浙大双创杯全国大学生创业大赛终审决赛在浙江大学举行，学校两件参赛作品“南京绿萝智能科技有限公司”“镇江光润机电科技有限公司”获得银奖

2019 年全国第十六届“挑战杯”合影

2017年8月9日至11日，校党委书记袁寿其带队参加教育部高等教育司主办的“第十届全国大学生节能减排社会实践与科技竞赛”决赛，获得特等奖1项、一等奖1项、三等奖8项。学校在历届比赛中均获优异成绩

2017年9月16日至18日，第三届中国“互联网+”大学生创新创业大赛全国总决赛在西安举行，学校选拔的创新创业项目“激光微智造关键技术及系列装备”获全国银奖，获奖比例约三千分之一

2018年7月22日至25日，“杭州未来科技城杯”第八届全国大学生机械创新设计大赛决赛在浙江举行，学校工业中心指导的参赛作品“可穿戴式苹果采摘器”荣获全国一等奖，学校获优秀组织奖

第四章

邃密群科　攀登学术高峰

学校始终聚焦办学整体水平提升，学科龙头地位更加突出，高原、高峰学科建设不断取得突破。

● 强化特色　优化结构

国家重点学科

1. 流体机械及工程

学科秉承农机特色，近 5 年来，承担国家课题 100 余项，科研总经费 2 亿多元，获中国专利银奖 1 项，中国研究生教育成果二等奖 1 项，省部级科技一、二、三等奖 24 项，全国行业科技进步一、二等奖 20 余项，授权国家发明专利 300 余件，ESI 高被引论文 20 余篇，已成为我国动力工程领域科学研究、人才培养、技术开发、工程化辐射的重要基地。

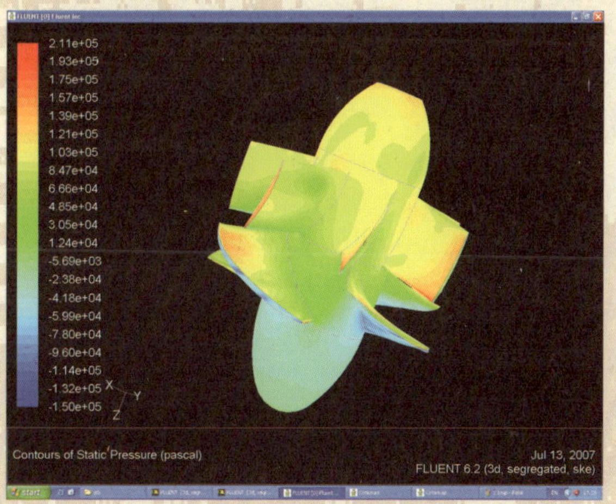

数值模拟水泵叶轮三维造型

高速泵

大型泵站

PIV 试验台

编号：2016B01024

国家国际科技合作基地
认定证书

根据《国家国际科技合作基地管理办法》的相关条件与要求，同意认定“高端装备关键结构健康管理国际联合研究中心”为国家国际科技合作基地（国家级国际联合研究中心类）。

中华人民共和国科学技术部
2016年11月29日

2016 年，学校骆英教授领衔申报的“高端装备关键结构健康管理国际联合研究中心”获批国家国际科技合作基地

编号：2017B01013

国家国际科技合作基地
认定证书

根据《国家国际科技合作基地管理办法》的相关条件与要求，同意认定“流体工程装备节能技术国际联合研究中心”为国家国际科技合作基地(国家级国际联合研究中心类)。

中华人民共和国科学技术部
2018年2月12日

2017 年，学校袁寿其研究员领衔申报的“流体工程装备节能技术国际联合研究中心”获批国家国际科技合作基地

流体工程装备技术研究所依托学校国家水泵工程技术研究中心成立，是首批加入江苏省产业技术研究院的专业研究所之一

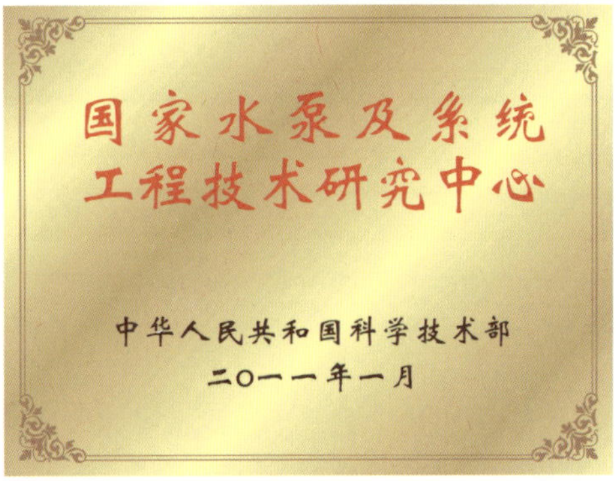

2011 年学校“国家水泵及系统工程技术研究中心”通过了可行性研究与论证，正式列入了 2010 年国家工程技术研究中心组建项目计划，实现学校国家级科技创新平台零的突破

2017 年 1 月 14 日，农业部公布了“十三五”农业部重点实验室及科学观测实验站建设名单，学校农业装备工程学院邱白晶教授、贾卫东研究员领衔的科研团队获批“农业部植保工程重点实验室”建设项目

2. 农业电气化与自动化

学科现有专任教师 113 人，其中教授 38 人、副教授 42 人，团队中有中国工程院院士 1 人、国家级人才 15 人次；近 10 年获国家二等奖 6 项、省部级一等奖 12 项，承担国家“杰青”项目、国家自然基金重点项目等国家级项目 320 项，申请或授权发明专利 120 余件，2007 年被列为“十一五”国家重点学科。

大型葡萄果园用静电喷雾施药机

棉花分行冠内冠上组合风送式喷杆喷雾机

4LZ-6.0 型智能化再生稻联合收获机

智能化连栋温室

新型油菜联合收割机

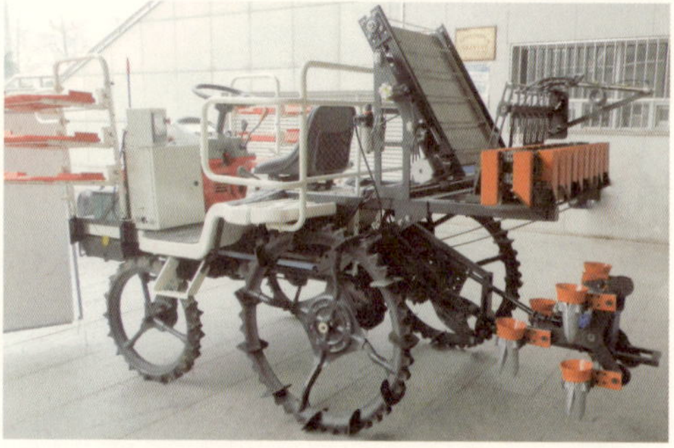

蔬菜穴盘苗自动移栽机

无人驾驶四轮独立电驱动智能高地隙喷雾机

具有负荷反馈控制、故障诊断、测产计价等功能的联合收割机

电动拖拉机

半喂入式高产水稻联合收割机

无人驾驶收割机

3. 机械制造及其自动化

学科近年来主持完成国防科技重大基础研究项目、国家自然科学基金重点项目、后勤保障部重点项目、国家重点研发计划课题等国家级课题近 200 项；获国家科技进步奖一等奖 1 项、二等奖 2 项，国家技术发明奖 2 项，省部级科技进步奖 100 余项，国家教学成果二等奖 1 项，江苏省教学成果奖特等奖 1 项；在各类顶级期刊上发表学术论文，2007 年被列为国家重点（培育）学科。

超深海高稳性圆筒型钻探储油平台的关键制造技术

夯实内涵　协同发展

学校发起全国大学生智能农业装备创新赛事，为农机行业培育了一批具有农机情怀的农业装备精英

学校农业工程学科科研成果获全国首个农机领域中国专利金奖，研发的智能化再生稻联合收获机在江苏省句容戴庄帮助当地越光再生稻提高产量，相关工作被《光明日报》等多家媒体报道

学校全面贯彻落实全国、全省研究生教育会议精神，凝心聚力，改革创新，全力推动学校研究生教育事业高质量发展

深化科教融合、产教融合提高研究生联合培养质量，发挥校地人才资源互补优势，统筹名企大院的科研力量，先后建成江苏大学—南京研究生院、北京研究生院、洛阳研究生院、吴仲华班、苏州集萃研究生院等优质平台

学校连续十年举办中外研究生学术论坛，提升广大研究生创新意识和创新能力，为中外研究生搭建共同思考、研究、跨文化沟通的学术平台

● 汇智聚力　瞄准高端

2002 年至 2020 年，江苏大学共授予硕士学位 30629 人，博士学位 1833 人。学校综合实力逐年迈上新台阶，建成“高水平、有特色、国际化研究型大学”汇智聚力，全面推进“双一流”建设。

颜晓红校长为毕业生拨正流苏

江苏大学首位外籍留学博士学位论文答辩

2018 年 5 月 4 日学校高水平大学建设高峰论坛在校召开，这是学校历史上第一次围绕高水平大学建设这一主题举办的高峰论坛

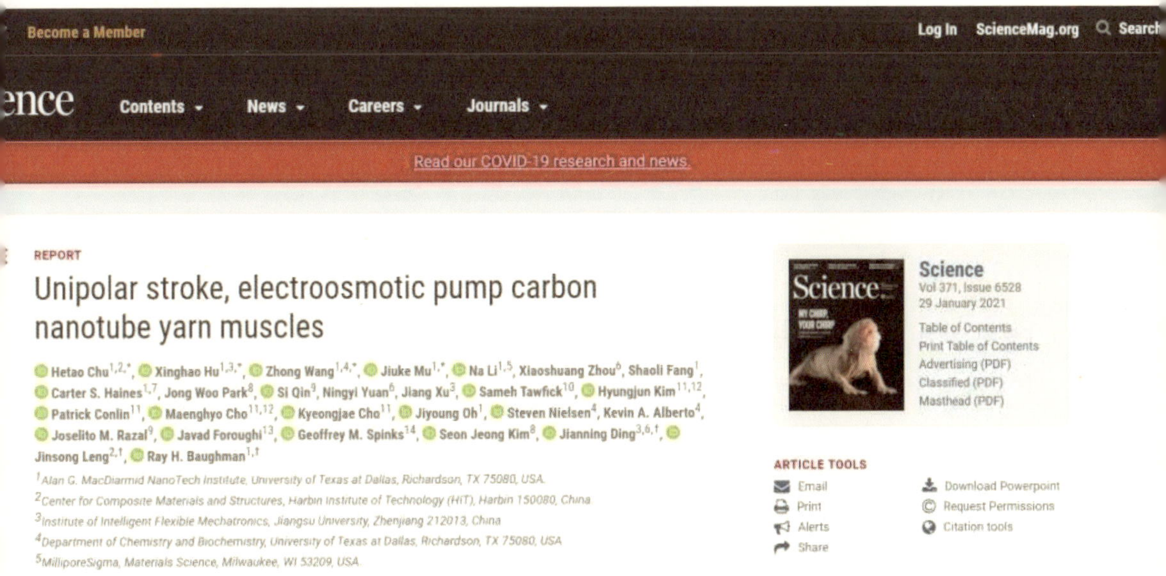

学校智能柔性机械电子研究院丁建宁教授团队与美国德克萨斯州立大学达拉斯分校雷伊·鲍曼院士课题组等国际团队合作，在国际顶级学术期刊《科学》(Science) 杂志上刊文“Unipolar stroke, electroosmotic pump carbon nanotube yarn muscles”，提出了一种新型高性能电化学驱动人工肌肉，探索出了人工肌肉全新的驱动机理，大大推动了纤维人工肌肉的应用

第五章

创新创优　打造科研高地

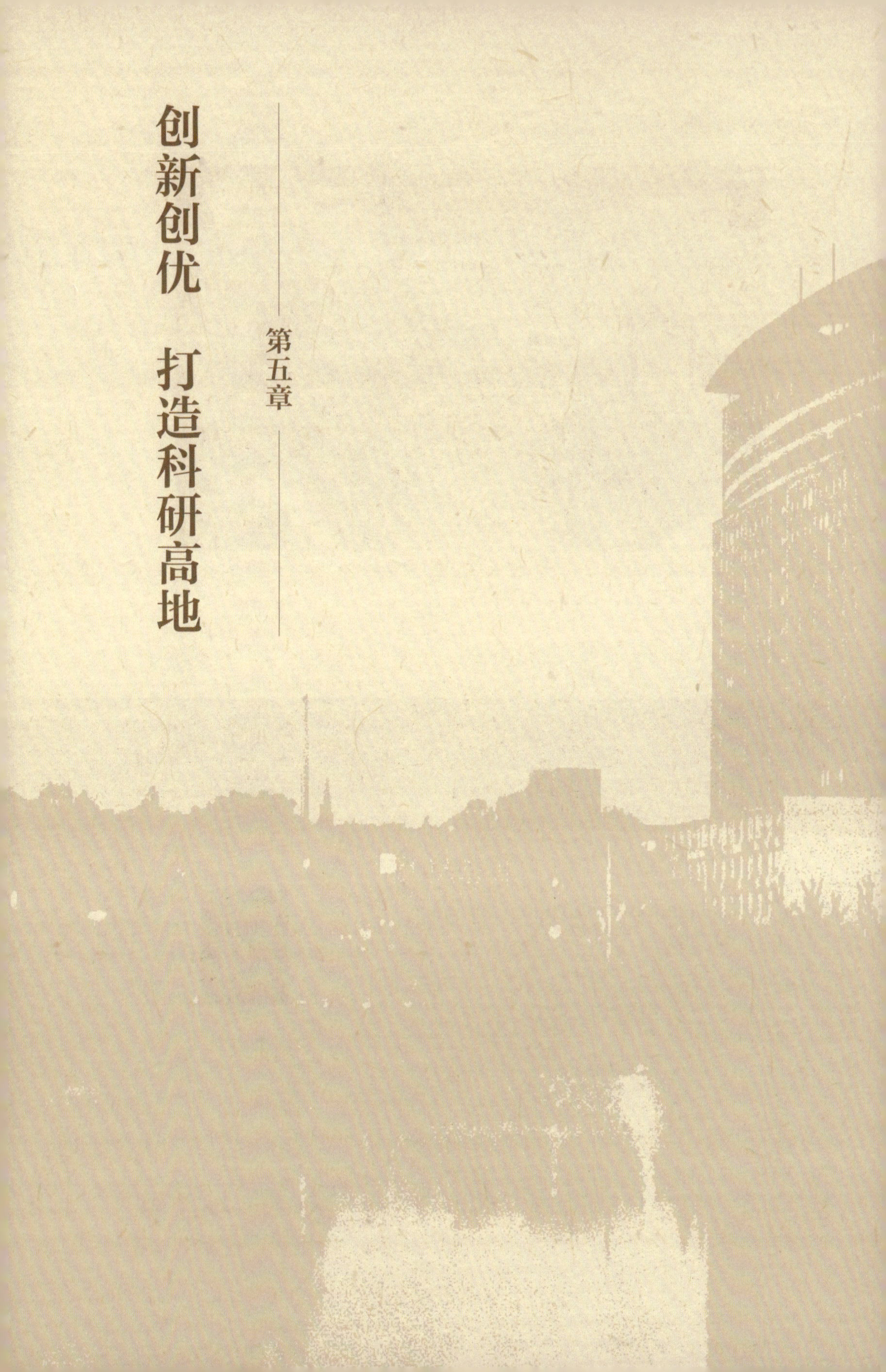

学校坚持科技兴校战略，积极攻关科研“大项目”，搭建科研“大平台”，研究和服务社会水平持续、快速提升。

● 聚集前沿　服务社会

国家级科技成果奖

获奖成果	获奖者	获奖时间等级
潜水泵理论与关键技术研究及推广应用	袁寿其等	2007 年度国家科技进步二等奖
食品、农产品品质无损检测新技术和融合技术的开发	赵杰文等	2008 年度国家技术发明二等奖
温室关键装备及有机基质的开发应用	毛罕平等	2009 年度国家科技进步二等奖
节能环保型球团链蓖机关键制造技术及应用	杨继昌等	2009 年度国家科技进步二等奖
基于神经网络逆的软测量与控制技术及其应用	孙玉坤（第二完成人）等	2009 年度国家技术发明二等奖
深海高稳性圆筒型钻探储油平台的关键设计与制造技术	张永康（第二完成人）等	2011 年度国家科技进步一等奖
多晶硅冷氢化生产核心专用加热合成反应器成套工艺装备	丁建宁等	2012 年度国家科技进步二等奖
油菜联合收割机关键技术与装备	李耀明等	2013 年度国家技术发明二等奖
高效离心泵理论与关键技术研究及工程应用	袁寿其等	2014 年度国家科技进步二等奖
新型低能耗多功能节水灌溉装备关键技术研究与应用	施卫东等	2015 年度国家科技进步二等奖
专用项目	任旭东（第五完成人）	2015 年度国家技术发明二等奖
专用项目	赵文祥（第四完成人）	2015 年度国家技术发明二等奖
强容错宽调速永磁无刷电机关键技术及应用	朱孝勇（第二完成人） 全力（第四完成人）	2016 年度国家技术发明二等奖
特色食品加工多维智能感知技术及应用	邹小波等	2019 年度国家技术发明二等奖
异体间充质干细胞治疗难治性红斑狼疮的关键技术创新与临床应用	许文荣（第六完成人）	2019 年度国家技术发明二等奖

国家科学技术进步奖
证　书
为表彰国家科学技术进步奖获得者，特颁发此证书。
项目名称：深海高稳性圆筒型钻探储油平台的关键设计与制造技术
奖励等级：一等
获 奖 者：张永康
2011年12月23日
证书号：2011-J-216-1-01-R02

国家科学技术进步奖一等奖
张永康（2011）

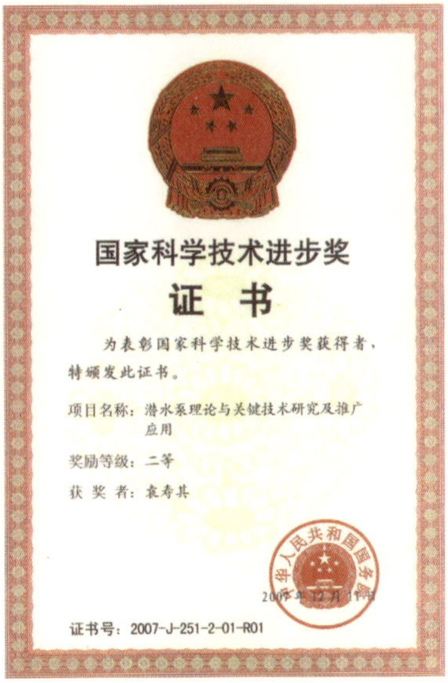
国家科学技术进步奖
证　书
为表彰国家科学技术进步奖获得者，特颁发此证书。
项目名称：潜水泵理论与关键技术研究及推广应用
奖励等级：二等
获 奖 者：袁寿其
2007年12月11日
证书号：2007-J-251-2-01-R01

国家科学技术进步奖二等奖
袁寿其（2007）

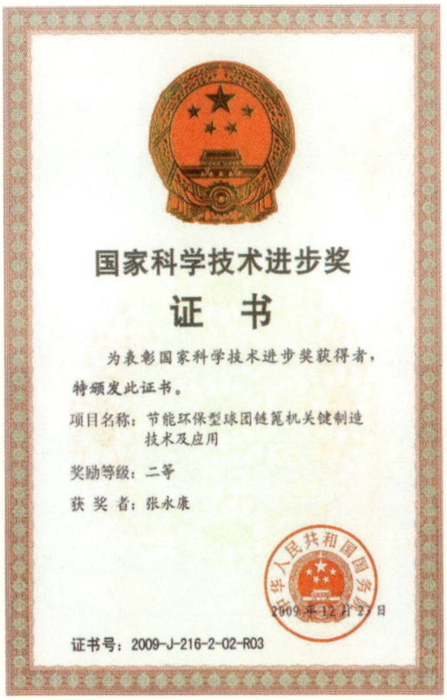
国家科学技术进步奖
证　书
为表彰国家科学技术进步奖获得者，特颁发此证书。
项目名称：节能环保型球团链篦机关键制造技术及应用
奖励等级：二等
获 奖 者：张永康
2009年12月2[illegible]日
证书号：2009-J-216-2-02-R03

国家科学技术进步奖二等奖
张永康（2009）

国家科学技术进步奖
证　书
为表彰国家科学技术进步奖获得者，特颁发此证书。
项目名称：温室关键装备及有机基质的开发应用
奖励等级：二等
获 奖 者：江苏大学
2009年12月2[illegible]日
证书号：2009-J-251-2-11-D01

国家科学技术进步奖二等奖
江苏大学（2009）

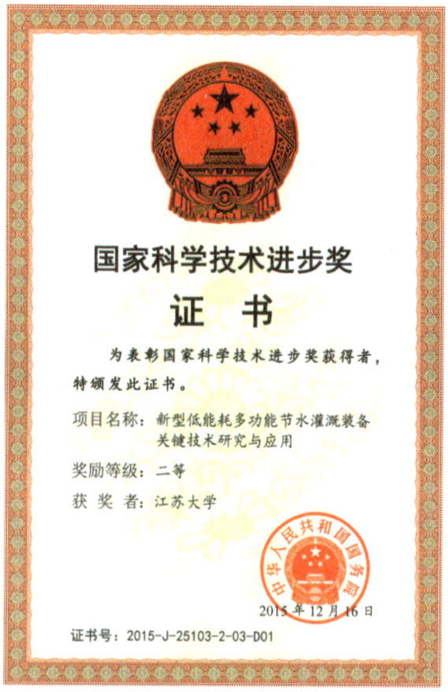

国家科学技术进步奖二等奖
江苏大学（2015）

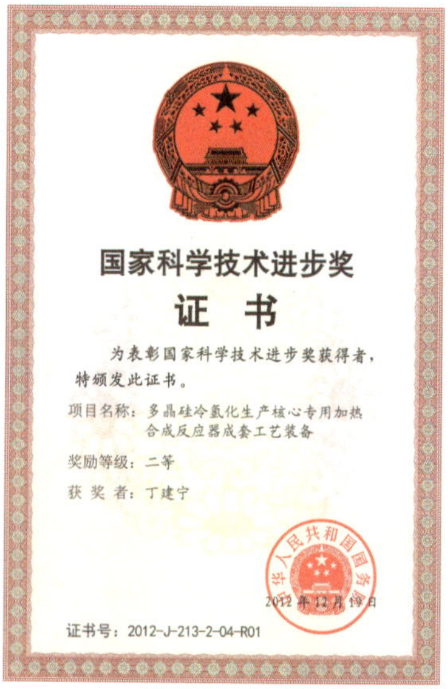

国家科技学技术进步奖二等奖
丁建宁（2020）

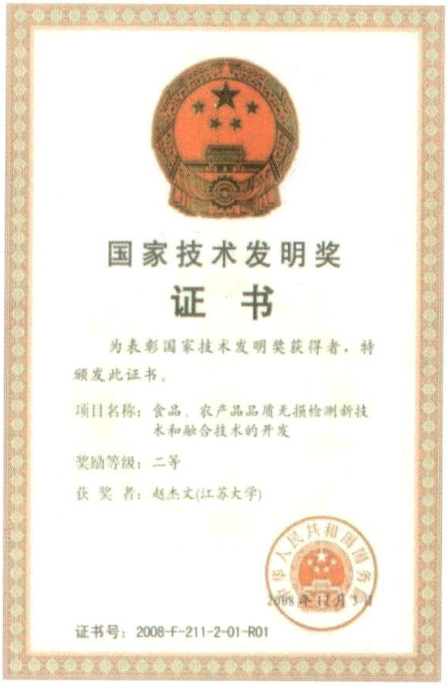

国家技术发明二等奖
赵杰文（2008）

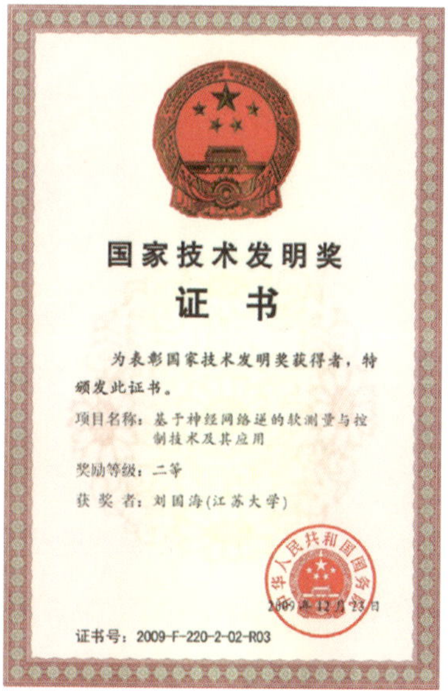

国家技术发明二等奖
刘国海（2009）

国家技术发明奖
证书
为表彰国家技术发明奖获得者，特颁发此证书。
项目名称：基于神经网络逆的软测量与控制技术及其应用
奖励等级：二等
获奖者：孙玉坤(江苏大学)
中华人民共和国国务院
2009年12月[illegible]日
证书号：2009-F-220-2-02-R02

国家技术发明二等奖
孙玉坤（2009）

国家技术发明奖
证书
为表彰国家技术发明奖获得者，特颁发此证书。
项目名称：机载系统综合化的关键技术及装置
奖励等级：二等
获奖者：赵文祥（江苏大学）
中华人民共和国国务院
2015年12月16日
证书号：2015-F-24501-2-01-R04

国家技术发明二等奖
赵文祥（2015）

国家技术发明奖
证书
为表彰国家技术发明奖获得者，特颁发此证书。
项目名称：激光冲击复合强化机制及关键设备与应用技术
奖励等级：二等
获奖者：任旭东（江苏大学）
中华人民共和国国务院
2015年12月16日
证书号：2015-F-24301-2-02-R05

国家技术发明二等奖
任旭东（2015）

国家技术发明奖
证书
为表彰国家技术发明奖获得者，特颁发此证书。
项目名称：强容错宽调速永磁无刷电机关键技术及应用
奖励等级：二等
获奖者：全力（江苏大学）
中华人民共和国国务院
2016年12月21日
证书号：2016-F-30802-2-02-R04

国家技术发明二等奖
全力（2016）

国家技术发明二等奖
朱孝勇（2016）

国家技术发明二等奖
邹小波（2019）

何梁何利基金科学与技术创新奖
袁寿其（2010）

"Laser-Guided In telligent Sprayer for Nursery, Orchard and Grape Applications" 荣　获 2015 年度美国农业及生物工程师学会（ASABE: American Society of Agricultural and Biological Engineers）颁发的"Rain Bird Engineering Concept of the Year Award"。该奖项为美国农业及生物工程领域新技术、新发明的最高奖项，这是国内科研单位及个人自 1974 年该奖项设立以来首次获此殊荣

2015 年，学校流体中心施卫东研究员、李红研究员领衔的“新型低能耗多功能节水灌溉装备关键技术研究与应用”项目荣获国家科学技术进步二等奖

2016 年，袁寿其研究员主持的“高效离心泵理论与关键技术研究及工程应用”项目荣获国家科学技术进步二等奖

2013 年 12 月 25 日，李耀明教授领衔的“油菜联合收割机关键技术与装备”项目荣获国家技术发明二等奖

2019 年，许文荣团队的“异体间充质干细胞治疗难治性红斑狼疮的关键技术创新与临床应用”项目获国家技术发明二等奖。团队从 1990 年开始开展干细胞转化医学研究，在治疗自身免疫病中取得显著效果，为推动国内干细胞转化应用研究具有重大意义，对我校临床医学学科发展起到了积极的推动作用

2017 年 8 月 23 日，药学院徐希明教授与美国哈佛大学医学院联合申请的“3D 仿生打印定位、梯度、长效释药系统及其修复脊髓损伤研究”获批国家自然科学基金重点国际合作项目，实现了学校医药板块国家级重点项目零的突破

2018 年 12 月 25 日，由中国国家知识产权局和世界知识产权组织 (WIPO) 共同主办的第二十届中国专利奖颁奖大会在北京举行，学校农业装备工程学院李耀明教授团队的“一种轴向喂入式稻麦脱粒分离一体化装置”（专利号 ZL201310718391.6）获得中国专利奖金奖

高端平台

类别	名称	批准/成立年份
国家级科研平台	镇江国家大学科技园	2009
国家级科研平台	国家水泵及系统工程技术研究中心	2011
国家级科研平台	农业生产机械装备国家工程实验室	2011
国家级科研平台	江苏大学技术转移中心（国家技术转移示范机构）	2012
国家级科研平台	混合动力车辆技术国家地方联合工程研究中心	2013
国家级科研平台	新农村发展研究院	2013
国家级科研平台	现代农业装备国家地方联合工程研究中心	2015
国家级科研平台	国家寄生虫种质资源共享服务平台（国家寄生生物种质资源库）	2017
国家级科研平台	高端流体机械装备与技术学科创新引智基地	2019
国家级国际合作平台	高端装备关键结构健康管理国际联合研究中心	2016
国家级国际合作平台	流体工程装备节能技术国际联合研究中心	2017

第六章

引智筑巢 汇聚良师巨匠

学校始终坚持人才第一资源理念，深入实施人才强校战略，紧扣“高端、青年、团队、国际化”师资队伍建设主题，大力实施金山学者计划、青年英才培育计划、海外人才聚集计划、协同创新团队培育计划、教学名师培育计划，形成师资队伍引育塔式体系，打造支撑研究型大学建设的高水平师资队伍。

● 创新机制　人才强校

2017 年 12 月 22 日学校主办的以“融合共建大平台·多赢同筑强支撑”为主题的“一带一路”人才培养国际合作发展论坛在校开幕，同时江苏大学“一带一路”国际人才学院揭牌

引才用才成效显著单位

江苏大学第六次师资队伍建设工作会议暨教师节表彰大会

2016 年 3 月 15 日挪威工程院院士、挪威科技大学教授陈德受聘为学校兼职教授

2016 年 6 月 28 日日本爱媛大学大上博基博士受聘为学校客座教授

2016 年 9 月 23 日中国工程院谢克昌院士受聘为学校客座教授

2016年11月2日汪尔康院士、董绍俊院士受聘为学校客座教授

2016年11月20日诺贝尔医学奖获得者巴里·马歇尔教授受聘为学校客座教授

2017年4月24日中国科学院院士、天津大学姚建铨教授受聘为学校兼职教授

2018 年 2 月 1 日马来西亚科学院院士陈国银教授受聘为学校金山学者

2018 年 8 月 15 日中国工程院赵春江院士受聘为学校特聘院士

2018 年 8 月 16 日中国工程院院士、中国著名水文水资源专家王浩教授受聘为学校特聘院士

2018 年 9 月 8 至 11 日英国克兰菲尔德大学副校长、英国皇家工程院院士 Simon Pollard 教授访问学校并受聘为学校“荣誉教授”

2019 年 4 月 30 日国际著名再生医学专家谷口英树博士受聘为学校客座教授

2018 年 12 月 5 日校党委书记袁寿其研究员荣获“改革开放四十年中国农机工业功勋人物”称号

金山高层次学术论坛是学校聚贤纳才的重要平台，至 2021 年已成功举办 10 届

2020 年 12 月 7 日学校聘任农机企业客座教授，中国工程院院士陈学庚出席仪式

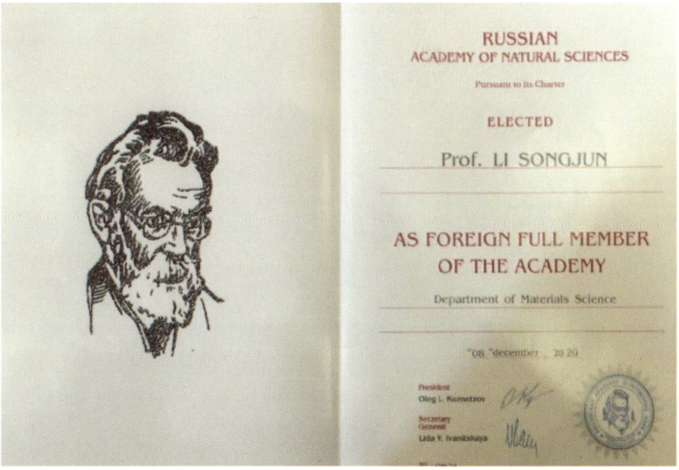

2020 年学校材料学院李松军教授入选俄罗斯自然科学院外籍院士和乌克兰国家工程院外籍院士

第七章

蓄力致远　丰厚文化积淀

● 百花齐放　生生不息

作为一所以农机起家的综合性大学，江苏大学始终坚持人文精神与科学精神相统一、传统文化与时代精神相结合，本着让学生“动起来”、让文化“活起来”的理念，充分运用沉浸式、体验式教育新模式，实施文化育人工程，让优秀大学文化在学生心底牢牢扎根。

“人文大讲堂”·白燕升报告会（2010 年）

“人文大讲堂”·沙晨报告会（2014 年）

“人文大讲堂”·阎崇年专题报告会（2015 年）

“人文大讲堂”·白岩松报告会（2015 年）

“人文大讲堂”·谢飞导演报告会（2019 年）

2017 年 6 月 8 日，美国前副国务卿理查德·库珀应邀来校，为师生做题为“特朗普时代的美国经济及中国经济展望”学术报告

2021 年 4 月 14 日，故宫博物院故宫学研究所所长、研究馆员章宏伟应邀做客学校“人文大讲堂”，做“从皇宫到博物院——故宫博物院的前世今生”专题报告会

“不忘初心、牢记使命”主题教育

电影《小城大爱》首映式

江苏戏曲名作《送你过江》走进学校

校园微电影《背面》首映式

“感动江大”人物颁奖典礼

中华经典吟诵大赛

庆祝中华人民共和国成立 70 周年文艺晚会

庆祝中国共产党成立 100 周年教职工合唱比赛

大爱人间

2020年2月11日附属医院第三批驰援湖北医疗队奔赴湖北黄石，8名医护人员分别来自呼吸科、感染科、重症医学科等科室

2020年2月20日校党委书记袁寿其代表校友总会慰问附属医院援鄂医疗队

2021 年 7 月 24 日江苏大学 611 名核酸检测采集志愿者连夜奔赴南京，支援南京核酸采集工作

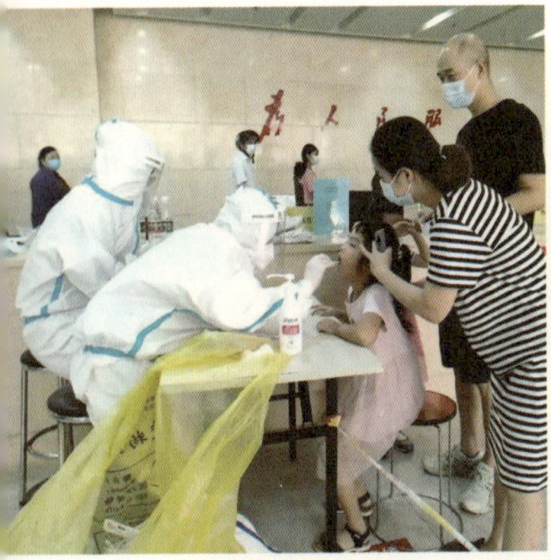

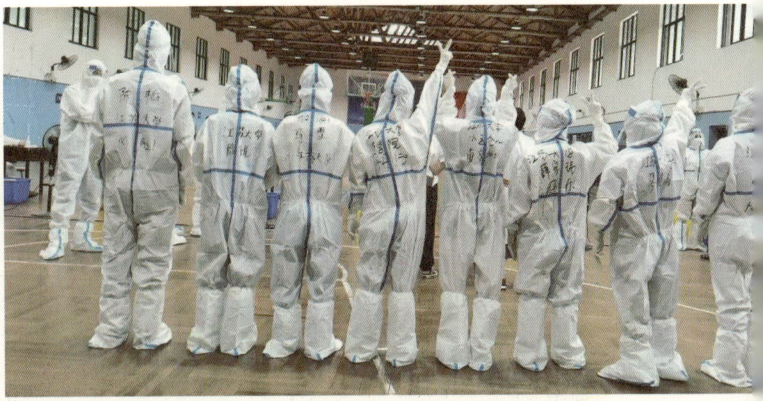

志愿者抵达南京后立即接受进一步培训，投入一线工作中。在支援一线，志愿者成立了临时党支部，充分发挥党员的先锋模范作用

志愿者支援任务结束，南京市雨花台区委、区政府向江苏大学援助雨花抗疫医疗队送上锦旗，对逆行而上、奉献力量的志愿者表示衷心的感谢

2021 年 8 月 1 日师生志愿者圆满完成一周的支援任务后平安凯旋

文化支撑　学术阵地

图书馆

江苏大学图书馆是一座综合性的高校图书馆，由校本部馆和北固分馆组成，本部馆现有馆舍面积 43969 平方米，可提供阅览座位 3900 余个。馆内环境优美、舒适，设施先进、完备，图书馆馆藏资源丰富。

档案馆

江苏大学档案馆馆藏始建于 1951 年，有党群、行政、教学、科研等十三大类档案，其中纸质档案 85.5 万件；纸质照片 4.81 万张、电子照片 6.86 万张；实物档案 5.39 千件；基建图纸 3.62 万张。

档案馆 2013 年、2015 年获评“江苏省高校档案工作先进集体”，2018 年获评“江苏省高校档案工作先进单位”。2014 年 12 月，学校当选为江苏省高校档案研究会常务理事单位；2019 年当选为中国出版协会年鉴工作委员会会员单位。档案馆编撰的《江苏大学年鉴》多次获评江苏省档案局“江苏省档案文化建设精品”奖。

档案库房

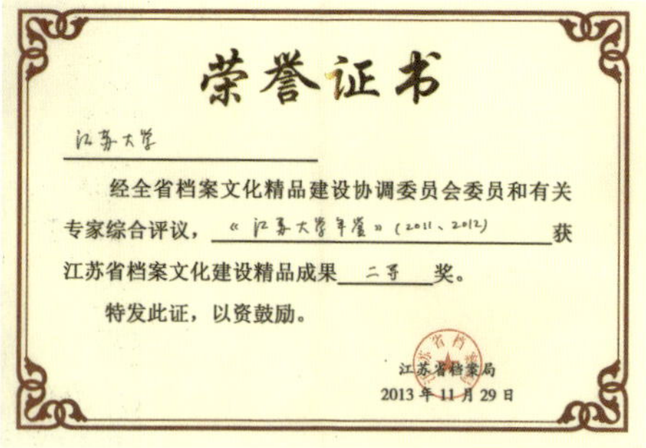

荣誉证书

江苏大学

经全省档案文化精品建设协调委员会委员和有关专家综合评议，《江苏大学年鉴》(2011、2012)获江苏省档案文化建设精品成果 二等 奖。

特发此证，以资鼓励。

江苏省档案局

2013 年 11 月 29 日

《江苏大学年鉴》（2011、2012）获评江苏省档案文化精品成果二等奖

2020 年 6 月 9 日江苏大学扶贫工作记忆档案展览

2015 年 10 月 10 日通过“江苏省档案工作五星级”规范测评

2017 年 11 月 29 日通过“江苏省数字档案工作 5A 级”规范测评

2021 年 6 月 9 日“档案话百年，开启新征程”主题宣传活动

出版社

江苏大学出版社成立于2007年6月8日，由江苏省教育厅主管、江苏大学主办，是首批按照企业化制度设立的出版机构之一。

2007年6月8日江苏大学出版社揭牌

2020年度国家出版基金资助项目

泵及系统理论与关键技术丛书

“十一五”国家重点出版规划项目

灾难医学

第三届“三个一百”原创出版工程奖（科学技术类）、首届江苏省新闻出版政府奖（图书奖提名奖）

“十二五”国家重点出版规划项目

台湾文化研究新视野丛书

第二届江苏省新闻出版广电政府奖（图书奖提名奖）

中国共产党理论创新的自觉：历史与现实

江苏省第九届高校哲学社会科学研究优秀成果三等奖

杂志社

《江苏大学学报(自然科学版)》——荷兰SCOPUS、英国INSPEC、美国《剑桥科学文摘》(CSA)、英国《农业与生物科学研究中心文摘》(CABI)、俄罗斯《文摘杂志》(AJ)、美国《化学文摘》(CA)、波兰《哥白尼索引》(IC)及日本科学技术振兴机构(JST)等国际著名数据库收录期刊；全国中文核心期刊、中国科技核心期刊、RCCSE中国核心学术期刊、科学引文数据库(SCD)来源期刊；位列世界学术影响力指数WAJCI-Q2区、SCOPUS数据库Q2区、知网数据评价Q1区；荣获中国高校百佳科技期刊

《江苏大学学报(社会科学版)》——美国《乌利希国际期刊指南》(UPD)收录期刊；全国中文核心期刊、中国人文社会科学AMI核心期刊、RCCSE中国核心学术期刊、“报刊复印资料”重要转载来源期刊、科学引文数据库(SCD)来源期刊；入选中国人文社会科学特色化发展期刊；位列知网数据评价Q1区；入选中国人文社会科学特色化发展期刊

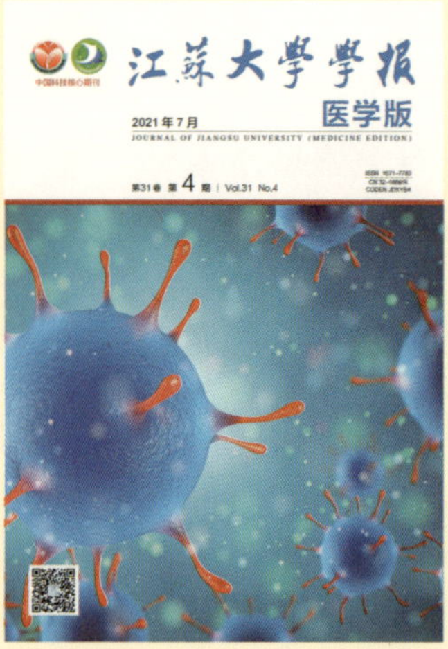

《江苏大学学报(医学版)》——美国《剑桥科学文摘》(CSA)、美国《化学文摘》(CA)、英国农业与生物科学研究中心(CABI)文摘、波兰《哥白尼索引》(IC)及日本科学技术振兴机构(JST)等国际著名数据库收录期刊；中国科技核心期刊、RCCSE中国核心学术期刊、《中文学术期刊文摘》数据库收录期刊；位列知网数据评价Q1区；荣获中国高校优秀科技期刊

《排灌机械工程学报》——荷兰 SCOPUS、英国《农业与生物科学研究中心文摘》（CABI）、俄罗斯《文摘杂志》（AJ）、美国《史蒂芬斯全文数据库》（EBSCOhost）、美国《剑桥科学文摘》(CSA) 及日本科学技术振兴机构（JST）等国际著名数据库收录期刊；中国科学引文数据库（CSCD）核心库来源期刊、全国中文核心期刊、中国科技核心期刊、RCCSE 中国核心学术期刊、科学引文数据库（SCD）来源期刊；入选中国科协农林领域高质量科技期刊分级目录；位列世界学术影响力指数 WAJCI-Q2 区、知网数据评价 Q1 区；荣获中国高校百佳科技期刊和华东地区优秀期刊

《高校教育管理》——美国《乌利希国际期刊指南》(UPD) 收录期刊；中文社会科学引文索引（CSSCI）来源期刊、全国中文核心期刊、中国人文社会科学 AMI 核心期刊、RCCSE 中国核心学术期刊、中国人民大学“复印报刊资料”重要转载来源期刊、科学引文数据库（SCD）来源期刊；入选中国人文社会科学特色化发展期刊；位列知网数据评价 Q1 区；入选中国人文社会科学特色化发展期刊

《实用心电学杂志》——美国《乌利希国际期刊指南》(UPD)、美国《史蒂芬斯全文数据库》（EBSCOhost）及日本科学技术振兴机构（JST）等国际数据库收录期刊；中文科技期刊数据库收录期刊

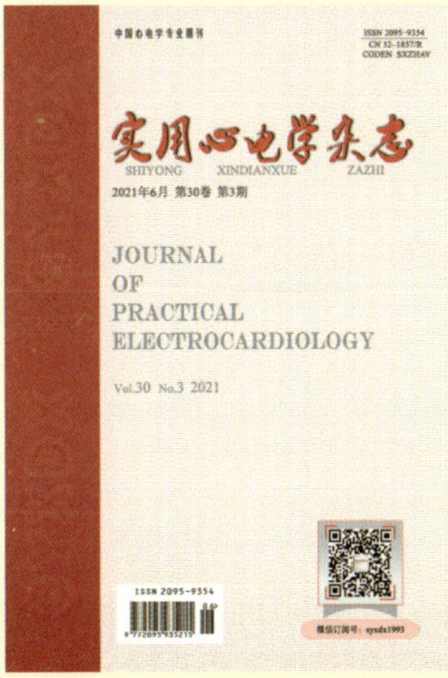

第八章

放眼全球　扩大国际交流

学校秉承国际化办学传统，坚持对外开放战略，倡导以国际化引领高水平大学建设的办学理念，积极推进国际化进程，发展空间进一步拓展，国际影响力日益扩大。

● 深层合作　提升影响

编号：2016B01024

国家国际科技合作基地
认定证书

根据《国家国际科技合作基地管理办法》的相关条件与要求，同意认定“高端装备关键结构健康管理国际联合研究中心”为国家国际科技合作基地（国家级国际联合研究中心类）。

中华人民共和国科学技术部
2016年11月29日

高端装备关键结构健康管理国际联合研究中心认定书

流体工程装备节能技术国家国际联合研究中心获批为科技部 2017 年国际联合研究中心

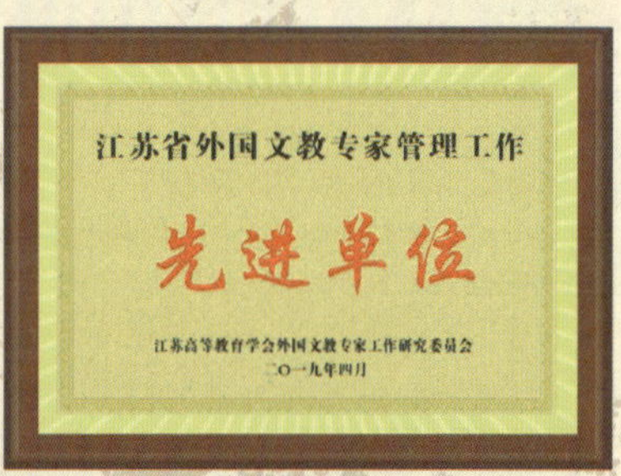

2019 年 4 月学校获评江苏省外国文教专家管理工作先进单位

江苏大学第三次国际化工作会议

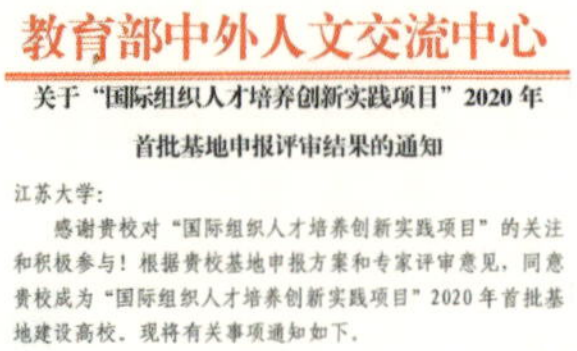
教育部中外人文交流中心

关于“国际组织人才培养创新实践项目”2020年首批基地申报评审结果的通知

江苏大学：

感谢贵校对“国际组织人才培养创新实践项目”的关注和积极参与！根据贵校基地申报方案和专家评审意见，同意贵校成为“国际组织人才培养创新实践项目”2020年首批基地建设高校。现将有关事项通知如下。

教育部中外人才交流中心关于江苏大学国际组织人才培养创新实践项目的评审结果（2020）

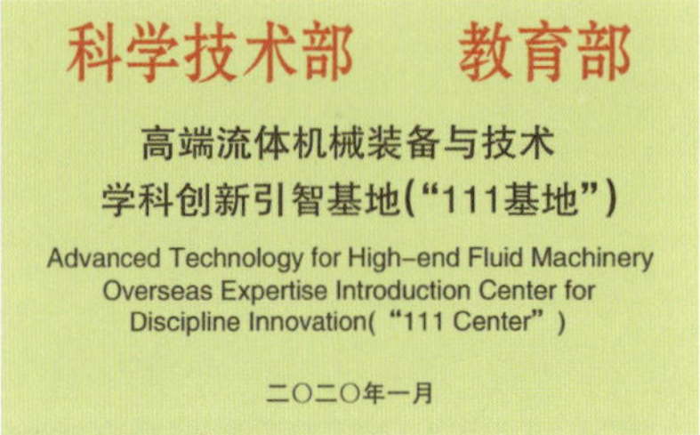

科学技术部、教育部高端流体机械装备与技术学科创新引智基地（“111 基地”）正式揭牌（2020）

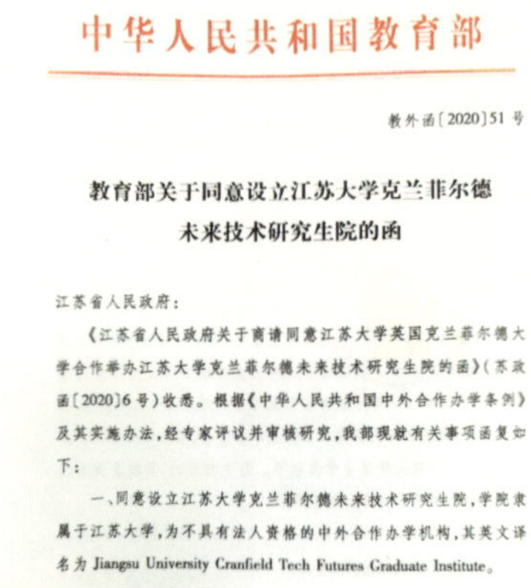
中华人民共和国教育部

教外函〔2020〕51号

教育部关于同意设立江苏大学克兰菲尔德未来技术研究生院的函

江苏省人民政府：

《江苏省人民政府关于商请同意江苏大学英国克兰菲尔德大学合作举办江苏大学克兰菲尔德未来技术研究生院的函》（苏政函〔2020〕6号）收悉。根据《中华人民共和国中外合作办学条例》及其实施办法，经专家评议并审核研究，我部现就有关事项函复如下：

一、同意设立江苏大学克兰菲尔德未来技术研究生院，学院隶属于江苏大学，为不具有法人资格的中外合作办学机构，其英文译名为 Jiangsu University Cranfield Tech Futures Graduate Institute。

教育部同意设立江苏大学克兰菲尔德未来技术研究生院的函（2020）

● 交流活动

近年来，学校年均接待来自美国、英国、加拿大、德国、法国等 30 多个国家和地区的专家学者 300 余人次来校交流；年均选派 350 余人次教师出国（境）交流合作和学术交流。

2018 年 10 月奥地利格拉茨大学孔子学院第四届“一带一路”中国论坛，校长颜晓红出席并做主旨报告

2013 年 5 月 16 日至 19 日第二届先进材料国际会议（AM2013）在校召开，来自美国、加拿大、英国、德国等全球 27 个国家和地区的百余位学者，以及国内高校和科研院所代表参加了本次会议，中央电视台国际频道、《科技日报》等诸多媒体进行了报道

2013 年 9 月 23 日至 24 日第二届流体机械及工程国际学术论坛在校举行，来自多个国家的国际知名流体机械专家及学校 200 余名师生参加了论坛

2014 年 9 月 18 日至 21 日学校承办第八届分子印迹国际会议，来自中国、美国、英国、法国、德国、澳大利亚等 20 个国家 170 余名该领域顶尖学者参会

2016 年 10 月 22 日至 25 日由学校和国家水泵及系统工程技术研究中心主办的第二届空化及多相流国际会议（2016ISCM）在江苏镇江召开

2017 年 11 月 10 日至 13 日学校承办的第 14 届亚洲流体机械国际会议 (AICFM14) 在江苏镇江召开，来自 19 个国家的专家学者近 700 人参会

2018 年 8 月 23 日由学校主办的首届赞比亚农业机械化管理干部培训班开班典礼在卢萨卡举行，赞比亚农业部长迈克尔·卡塔姆博、驻赞比亚使馆政务参赞赖波、学校副校长张济建出席典礼。培训班每年举办一期，对学校开展境外办学、深化中非合作意义重大

2018 年 11 月 29 日至 12 月 1 日江苏大学与中国农业国际促进会联合举办的“一带一路”农业现代化国际合作发展论坛在校举行，与会专家、学者共同探讨“一带一路”农业现代化国际合作发展

2018 年英国克兰菲尔德大学校长、英国皇家工程院院士 Peter Gregson 爵士和副校长 Simon Pollard 教授来校

2019 年诺贝尔奖获得者、诺奖联盟主席理查德·约翰·罗伯茨爵士受聘为学校荣誉教授

2019 年 4 月农业工程大学国际联盟成立大会暨中外大学校长论坛在校举办

2019 年江苏—英国高水平大学 20+20 联盟成立大会暨国际产学研合作论坛在校举行

2019 年 10 月第 26 届“三国三校国际学术研讨会”在校举行

2020 年 12 月 19 日至 20 日由中国农业国际合作促进会主办、学校承办的“一带一路”农业现代化国际合作发展论坛举行，与会专家、学者围绕“人类团结—数字赋能，高质量发展‘一带一路’农业”主题，共同探讨“一带一路”农业现代化国际合作发展

留学生

学校近年来招收来了自美国、德国、英国、法国、俄罗斯、墨西哥、韩国、印度、加纳、巴基斯坦、苏丹等 149 个国家的留学生。

国际文化节

学校留学生获第三届“‘留动中国’——在华留学生阳光运动文化之旅”全国总决赛 第三名

学校多名留学生在联合国总部 Many Languages, One World 活动中发表演讲

学校留学生参与 CCN 中墨订单式人才培养合作项目海外联考暨奖学金颁奖典礼

学校留学生参加“感知中国—智能农装”农业现代化体验活动

第九章

情深谊长　共推学校发展

校友会继承和发扬母校优良传统和校风，密切母校与海内外校友间的联系与合作，在人才培养、科学研究、社会服务、基本建设等方面积极促进母校事业发展，扩大了学校在海内外的影响，对学校发展起到了重要的桥梁合用。

● 交流通融　促校发展

2006 年 10 月 28 日江苏大学校友会成立

2008 年 12 月 28 日江苏大学北京校友会成立

2009 年 6 月江苏大学美国校友会成立

2010 年 11 月江苏大学汽车与装备行业校友会成立

2020 年 11 月 28 日江苏大学校友总会换届大会举行

校友突出贡献奖颁奖典礼

北汽集团礼堂冠名仪式

校友企业助力学校事业发展签约仪式

“095 工程”首批校友行动大使

校友企业家论坛

2021 年 5 月 16 日学院校友会（第一批）集中成立大会在小礼堂举行，9 个校友会分别是机械工程学院校友会、农业工程学院校友会、汽车与交通工程学院校友会、能动学院与流体中心联合校友会、电气信息工程学院校友会、计算机科学与通信工程学院校友会、管理学院校友会、教师教育学院校友会、医学院校友会

校友受聘为学校创新创业导师

学校84届校友、国机集团中国农业机械化科学研究院首席专家韩增德获评"全国劳动模范"荣誉称号

2021年2月25日全国脱贫攻坚总结表彰大会在北京人民大会堂隆重举行，学校电气88级校友查颖冬入选全国脱贫攻坚先进个人

2021 年 6 月 28 日全国“两优一先”表彰大会在北京人民大会堂举行。学校常州校友会副会长，正昌集团党委书记、董事长郝波作为全国“两优一先”江苏杰出代表参加表彰大会，领取了中共中央颁发的全国先进基层党组织荣誉证书，受到中共中央领导亲切接见，并在天安门广场参加庆祝中国共产党成立 100 周年大会（前排左 3 为郝波）

铸造 82 级校友肖奋捐赠 1000 万元设立奋达教育基金

校友返校认养纪念树

校友值年返校合影

第十章

『095工程』助力美丽中国

2019年9月5日，习近平总书记给包括江苏大学在内的涉农高校的书记校长和专家代表回信，勉励涉农高校以立德树人为根本，以强农兴农为己任，拿出更多科技成果，培养更多知农爱农型人才。2020年7月4日，习近平总书记在学校的信件上作出重要批示，为学校发展进一步指明了前进方向，提供了根本遵循和行动指南。为深入学习贯彻落实习近平总书记对学校重要批示，以及给全国涉农高校书记校长和专家代表的回信精神，学校决定以习近平总书记给全国涉农高校书记校长和专家代表的回信日期（9月5日）为简称，启动“095工程”，加快推进农机特色一流大学建设，提高知农爱农创新人才培养质量与科技创新水平，提升学校服务我国农业农村现代化、乡村振兴，以及江苏高质量发展的贡献度。这是学校发展的重大历史机遇和重要里程碑，必将开启学校发展新的华彩篇章。

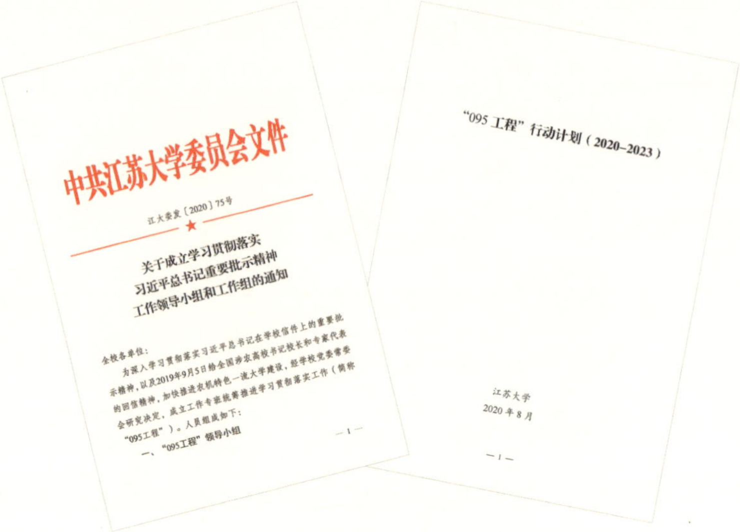

中共江苏大学委员会文件

江大委发〔2020〕75号

关于成立学习贯彻落实
习近平总书记重要批示精神
工作领导小组和工作组的通知

全校各单位：

为深入学习贯彻落实习近平总书记在学校信件上的重要批示精神，以及2019年9月5日给全国涉农高校书记校长和专家代表的回信精神，加快推进农机特色一流大学建设，经学校党委常委会研究决定，成立工作专班统筹推进学习贯彻落实工作（简称“095工程”）。人员组成如下：

一、“095工程”领导小组

— 1 —

“095 工程” 行动计划（2020–2023）

江苏大学

2020 年 8 月

— 1 —

学校深入实施、贯彻落实习近平总书记重要批示精神（“095 工程”）行动计划（2020–2023），明确了六大任务和 13 个重点项目

学校举办进一步贯彻落实习近平给全国涉农高校的书记校长和专家代表的回信暨对江苏大学重要批示精神大会，启动实施《江苏大学“095”工程行动计划》

● 一流学科　融合交流

学校将知农爱农思想全面融入课程体系，进一步完善深度融合的人才培养机制，努力建成面向行业和地方的高水平示范性产业学院及国家农业装备产教融合研究生联合培养基地。

2017 年 11 月 29 日现代农业装备与技术发展国际高层论坛在学校召开，论坛上举行了学校农业装备学部揭牌仪式，中国工程院院士罗锡文、康绍忠、陈学庚出席揭牌仪式

2018 年 11 月 30 日农业装备国际（产能）合作联盟成立大会暨第一届理事会在校举行，国内外农业装备领域的专家和企业界代表出席

2020 年 9 月 3 日学校成立涉农研究院，罗锡文、陈学庚、赵春江三位农业工程领域院士及中国农业机械工业协会陈志会长和校党委书记袁寿其分别担任五大涉农研究院院长

为打造农机领域高水平国际学术交流新平台，共同为我国农机事业高质量发展建言献策，2021 年学校决定将 2018 年开始定于每年 4 月 29 日举办的“耒耜国际论坛”更名为“耒耜国际学术会议”

高质量建成中国农机文化展示馆和现代农业装备文献资源中心

2020 年 9 月 27 日学校召开“新农科—新工科融合创新发展，提升我国现代农业装备人才培养质量”高等教育改革研讨会

学校开设涉农院士讲坛，罗锡文和陈学庚院士分别以“与共和国农机事业共成长”和“科学行为与责任担当”为题开展“知农爱农、强农兴农”宣讲教育

2021 年 4 月 21 日新农科“高良润”实验班开班。“高良润”实验班是学校为促进新工科新农科融合发展，探索农业人才培养新范式而采取的改革措施

2021 年 3 月 30 日江苏省委、省政府召开全省 2020 年度高质量发展总结表彰大会，江苏大学获全省高水平大学建设重点（培育）支持高校、博士学位授予高校综合考核“第一等次”，校党委书记袁寿其在南京主会场参加会议并上台领奖

2021 年 6 月 16 日江苏大学第四期赞比亚农机培训暨丰收非洲助力行动启动仪式

● 强农兴农　协同创新

学校积极搭建国家级农业科技创新平台，攻关突破现代农机装备关键共性技术，打造校地、校企合作新基地。

2020 年 12 月 25 日学校牵头成立江苏省智能农机装备产业联盟

2021 年 4 月 29 日学校与民建江苏省委共建江苏乡村振兴研究院

2021 年 6 月 28 日，由学校发起并与江苏省现代农业装备技术示范推广中心联合共建、相关科研院所和企业等多家科研团队共同参与的“智能农机装备研发与智慧农场建设”项目启动仪式和“江苏大学 · 江苏省现代农业装备科技示范中心智慧农场”揭牌仪式在南京国家农高区江苏现代农机科技示范园内举行

学校与南京国家农业高新技术产业示范区签署战略合作协议

学校与华为技术有限公司签署战略合作协议，双方将在人才培养与交流、人工智能与农业装备制造创新、智慧校园建设等方面开展深入合作，共同推动我国农机装备产业转型升级和高质量发展

学校与徐工集团签订战略合作协议，成立江苏大学—徐工集团农业机械研究院

学校与潍柴雷沃等领军企业共建智能农业装备智能研究院

2021 年 3 月 26 日校领导赴句容戴庄开展党史教育并捐赠农业机械装备

科技支撑　大显身手

学校围绕农机装备攻坚创新，研发出一批标志性的农业机械，提升了学校服务“三农”的贡献度。

校院两级中心组成员追寻习近平总书记的足迹，走进江都水利枢纽，系统学习习近平总书记南水北调重要指示精神，进一步凝聚共识，加大创新力度，提升科技创新能力，为利国利民的南水北调工程继续贡献江大智慧

采用学校优秀水利模型制造的江都水利枢纽第四抽水站水泵机组

7–8KG/S 喂入量水稻高效收获关键技术与装备

喷杆喷雾机低量静电喷雾系统

适合我国大田蔬菜规模化种植的高速多功能自动移栽机

河蟹养殖智能投饵施药作业船

江苏大学